Hildegard Maria Mader

Von Paris nach Kairo: Wissenstransfer im *Paris-Bericht* Rifāʿa Rāfiʿ aṭ-Ṭahṭāwīs

Transkulturalität – Translation – Transfer, Band 54
Herausgegeben von
Dörte Andres / Martina Behr / Larisa Schippel / Cornelia Zwischenberger

Hildegard Maria Mader

Von Paris nach Kairo: Wissenstransfer im *Paris-Bericht* Rifāʿa Rāfiʿ aṭ-Ṭahṭāwīs

Ein Beitrag zur Übersetzungsgeschichte Ägyptens im 19. Jahrhundert

Umschlagabbildung: Denkmal des Rifāʿa Rāfiʿ aṭ-Ṭahṭāwī in Naser City, Sohag, Ägypten
© Roland Unger – wikipedia commons. URL: https://commons.wikimedia.org/wiki/File:SohagTahtawiMemorial.jpg
Porträt der Autorin © Georg Wilke

ISBN 978-3-7329-0841-7
ISBN E-Book 978-3-7329-9119-8
ISSN 2196-2405

Herstellung durch Frank & Timme GmbH,
Wittelsbacherstraße 27a, 10707 Berlin.
Printed in Germany.
Gedruckt auf säurefreiem, alterungsbeständigem Papier.

www.frank-timme.de

Inhaltsverzeichnis

Formelles und Begriffliches

Transkription

Die Transliteration arabischer Namen ist angelehnt an die von der Deutschen Morgenländischen Gesellschaft entwickelte Umschrift. Der arabische Artikel *al-* wird den phonetischen Regeln der arabischen Sprache entsprechend assimiliert transkribiert. Wörter, die im deutschen Sprachgebrauch bereits üblich sind, wie Imam, Ulema oder Koran oder Eigennamen, wie Muhammad Ali, werden zur leichteren Lesbarkeit nicht transkribiert.

Arabische Begriffe

Arabische Termini stehen grundsätzlich kursiv geschrieben.

Personennamen

Personennamen werden bei der ersten Nennung im Text vollständig ausgeschrieben. Danach wird der Nachname verwendet.

Zitat des arabischen Textes *Taḫlīṣ al-ibrīz fī talḫīṣ bārīz*

Dieser Text ist Grundlage für Analysen in dieser Arbeit. Sofern aus diesem Text zitiert wird, geschieht dies auf der Grundlage der Übersetzung von Karl Stowasser aus dem Jahre 1988: *Ein Muslim entdeckt Europa. Rifāʿa al-Ṭahṭāwī. Bericht über seinen Aufenthalt in Paris 1826–31*. Für den langen Titel wird die Abkürzung *Paris-Bericht* eingeführt. Alle Zitate aus dieser Übersetzung werden nur mit Seitenangaben gekennzeichnet.

Alle anderen Zitate dieses Textes aus weiteren Übersetzungen werden mit den vollen Angaben zu Autor, Jahr und Seitenzahl angegeben.

Gendergerechte Sprache

Es wird die Paarform verwendet.

Die Arbeit konzentriert sich auf die Translationsaktivitäten in der Zeit zwischen 1826 bis 1850. Da Frauen in diese Prozesse soweit bekannt nicht involviert waren, steht die männliche Form.

Einleitung

Der ägyptische Gelehrte, Übersetzer und Autor Rifāʿa Rāfiʿ aṭ-Ṭahṭāwī (1801–1873) ist eine Schlüsselfigur im französisch-ägyptischen Wissens- und Kulturtransfer in der ersten Hälfte des 19. Jahrhunderts. Er ist im arabischen Raum, insbesondere in Ägypten, weithin bekannt und gilt als der „Vater der arabischen Renaissance" (Myriam Salama-Carr 2007), Begründer der Nahḍa[1]-Bewegung im Ägypten des 19. Jahrhunderts (Nicole Khayat 2019; Guy Sorman 2003).

Warum dieses Thema? Warum aṭ-Ṭahṭāwī und sein *Paris-Bericht?* Er stellt bis heute eine Sehnsuchts- und Hoffnungsfigur dar, die das Beste aus zwei Welten verkörpert und die positive Verbindung von westlicher Moderne und Fortschritt mit arabisch-muslimischen Werten gedacht und diese Gedanken in das umfangreiche staatliche Reformprogramm Muhammad Alis[2] wirksam eingebracht hat. Sorman verwies auf aṭ-Ṭahṭāwī und die Verbindung von Islam und Moderne, als er sein Buch 2003 *Les enfants de Rifaa: Musulmans et modernes* betitelte. Die Erinnerung an diese „arabische Renaissance" im 19. Jahrhundert und ihr Vergleich mit dem „Arabischen Frühling"[3] ist so präsent, dass Adonis[4] in einem Interview argumentiert, dass das „projet modernisateur de Mohammad Ali en Égypte", welches damals nicht vollendet worden

1 Zum Begriff, vgl. Anmerkung 10.

2 Zu Person und Wirken Muhammad Alis, vgl. Kapitel 3.1.

3 Der arabische Frühling ist eine zivile Protestbewegung, die sich im Dezember 2011 Bahn brach, nachdem der tunesische Gemüsehändler Muḥammad al-Būʿazīzī, sich aus Protest gegen die Korruption und aus Verzweiflung selbst angezündet hat. Heftige Proteste der Bevölkerung waren die Folge. Die Protestierenden forderten Teilhabe am politischen und ökonomischen Leben sowie eine gerechte Verteilung von Ressourcen für jene, die über keine spezifischen Beziehungen verfügten bzw. nicht der Elite angehörten. Die repressiven Sicherheitsapparate, die mit großer Härte gegen die Protestierenden vorgingen, führten zur Niederschlagung der Unruhen in Ägypten und zum Bürgerkrieg in Syrien.

4 Sein Geburtsname ist ʿAlī Aḥmad Saʿīd Esber, Adonis sein Künstlername. Er wurde 1930 in Damaskus geboren und emigrierte nach Paris. Er gilt als einer der bekanntesten zeitgenössischen arabischen Dichter.

sei, nun eine neue Chance habe (2014: 144). Zum anderen ist aṭ-Ṭahṭāwīs *Paris-Bericht* ein lohnendes Untersuchungsobjekt, weil seine Arbeit und Rolle als Übersetzer wenig gewürdigt wurde, obwohl er damit genau jene Grundvoraussetzungen schuf, für die er so gefeiert wird: Schließlich war Übersetzen die Schlüsselaufgabe seiner Zeit. Der Wissenstransfer aus den unterschiedlichsten Fachgebieten ins Arabische legte den Grundstein für die Umsetzung der Modernisierungsstrategie Muhammad Alis. Dieser wollte an den neu gegründeten Schulen, Lehrinstitutionen und Höheren Fachschulen, dass die Ausbildung der neuen Elite in Heer, Wissenschaft und Staatsadministration mit dem neuesten übersetzten Lehrmaterial durchgeführt würde (Raouf Abbas 2002). Als aṭ-Ṭahṭāwī die Stelle als Direktor der *madrasat al-alsun*[5] antrat, der Sprachenschule, die er 1837 in Kairo aufbaute, waren die Translationsaktivitäten erstmalig institutionell verortet: Es gab nun eine zentrale Institution, gegründet, um die Aktivitäten verschiedener Akteure, die Teil der Translationskultur waren, zu bündeln. Aṭ-Ṭahṭāwī verstand es, seine Unterstützer an sich bzw. die Schule zu binden und seine Kritiker durch seine Netzwerke und Verbindungen mindestens einzugrenzen. Die Translationskultur entwickelte sich dabei im Spannungsfeld des Handelns verschiedener Akteure und Gruppen, mit unterschiedlicher Teilhabe am Translationsprozess. An die Einleitung schließen sich vier Kapitel an:

Kapitel 1 beschreibt theoretische Grundlagen dieser Studie. Sie sieht sich als Beitrag zur Translationsgeschichte und stützt sich auf das Konzept der Translationskultur (Erich Prunč 2012) am Beispiel der Translationsinitiative Muhammad Alis in Ägypten im ersten Halbjahr des 19. Jahrhunderts. In der vorliegenden Arbeit wird der *Paris-Bericht* untersucht. Dabei handelt es sich um ein zeithistorisches Dokument, welches umfangreiche Daten und Hintergrundinformationen zur Studienmission, deren 44 Mitglieder[6] 1826 nach Paris aufbrachen, enthält. Diese Mission wird als die Speerspitze der Translationsinitiative angesehen. Gleichzeitig gilt sie als Auftakt zur Staatsreform mit dem Ziel, eine neue Elite für einen modernen Staat auszubilden. Die Vor-

5 Die *madrasat al-alsun* ist die direkte Vorläuferin der heutigen Sprachenfakultät der ‘Ain-Shams-Universität in Kairo. Vgl. Kapitel 4.4.

6 Alle Mitglieder waren Männer.

gehensweise besteht in der systematischen Analyse des *Paris-Berichts* auf der Grundlage von vier unterschiedlichen Übersetzungen des arabischen Textes (Karl Stowasser 1966, 1988, Anouar Louca 1988 und Daniel Newman 2011).[7] Die Analyse des *Paris-Berichts* ergibt detaillierte Informationen über alles, was aṭ-Ṭahṭāwī während der Ausbildung in Paris gelesen und übersetzt hat. Die vier Übersetzungen des *Paris-Berichts*, dem zwei Fassungen des arabischen Textes zugrunde liegen, die umfangreichen Apparate der Übersetzer sowie ergänzende Forschungsliteratur dienen als Basis für die wissenschaftliche Auseinandersetzung. Die Textlektüre ist somit hermeneutisch-verstehend und induktiv-interpretativ. Die muslimisch-kulturellen Besonderheiten und Verweise sollen ebenfalls analysiert werden.

Mit Hilfe der Theorie des literarischen Feldes und insbesondere des Konzepts des Habitus Pierre Bourdieus (2011) sollen wichtige Parameter im Selbstverständnis des Übersetzers aṭ-Ṭahṭāwī erfasst und beschrieben werden, die sich insbesondere aus dessen muslimischer Erziehung und seiner Ausbildung an der Azhar ergeben. Er ist geprägt von der islamisch-ethischen *adab*-Tradition[8], die sein Referenzsystem prägte. Auf dieser Grundlage nahm er die neuen Ideen und Konzepte wahr und integrierte sie in sein Denken. Dieser flexible Prozess zeichnete ihn aus, wenn er – wie im fünften Buch des *Paris-Berichts* – völlig neue politische Ideen und Konzepte zu verstehen und zu übersetzen suchte. Die frühen Dispositionen und seine Sozialisation einerseits, sowie ökonomische Gründe und sein gesellschaftlicher Gestaltungswille andererseits, sind charakteristisch für seine Handlungen. Er musste seine Handlungsoptionen sehr genau abwägen, wie gezeigt werden wird, weil in der damaligen Zeit alle Individuen und Prozesse der unumschränkten Macht Muhammad Alis, dessen Willen und Kontrolle, unterworfen waren.

Kapitel 2 untersucht wichtige Forschungsliteratur zu aṭ-Ṭahṭāwī. Er wird bis heute als der Begründer der arabischen Nahḍa rezipiert. Dies wird zwar in diesem Kapitel skizziert, aber auch dargelegt, dass es für die vorliegende

7 Zu den unterschiedlichen arabischen Fassungen, vgl. die Grafik in Kapitel 3.3.

8 Zum Begriff *adab*, vgl. https://www.britannica.com/print/article/4883. *adīb* ist derjenige, der aus dieser Tradition kommt, und diese ist Teil seiner Bildung, auch im Sinne der Persönlichkeitsbildung.

Arbeit nicht von zentraler Bedeutung ist. Oft wird in der Literatur auch die Frage diskutiert, wie stark welcher Einfluss auf aṭ-Ṭahṭāwī war: der islamisch-kulturelle seiner Sozialisation und Ausbildung in Taḥtā und Kairo oder der europäische in Paris? Daher nimmt die Frage, wie sich das auf seine Entwicklung als Übersetzer auswirkte, Raum ein. Dabei stellt sich heraus, dass sich sein Fortschrittsglaube zwar auf dem neuen Wissen und seiner Begeisterung für die französischen Wissenschaften und das Schulwesen gründete, er jedoch fest davon überzeugt war, dass – mit übersetztem Wissen – Ägypten bald in diesen Bereichen würde aufschließen können. Zuletzt wird die wenige Literatur zu aṭ-Ṭahṭāwī als Übersetzer besprochen.

Kapitel 3 trägt der Tatsache Rechnung, dass Translationsgeschichte als Teildisziplin Entwicklungen und Handlungen untersucht, die in geschichtliche Zusammenhänge eingebunden sind. Translationskultur entwickelt sich im historischen Raum. Somit ist die Kenntnis des historischen Kontextes, in dem diese Kulturen entstanden sind, unabdingbar. Daher besteht dieses Kapitel aus drei Teilen: einer Einführung in die Regierungszeit Muhammad Alis 1805–1849, einer ausführlichen Biografie aṭ-Ṭahṭāwīs und einer Beschreibung des Buches, des *Paris-Berichts*.

Kapitel 4 gibt in seinen sechs Teilen einen kurzen Überblick über historische Übersetzungsbewegungen und die Translationsinitiative Muhammad Alis. Das Studium während der Studienmission in Paris gibt aufschlussreiche Informationen über die Übersetzungen, die aṭ-Ṭahṭāwī dort als Basis für seine Abschlussprüfung vorgelegt hat. Dabei wird eine Liste dieser Übersetzungen erarbeitet, von denen viele später in Kairo in überarbeiteter oder erweiterter Form publiziert wurden. Die Themen geben einen Hinweis auf seine Dispositionen, Neigungen und Interessen. Viel wurde an den neu gegründeten Fachschulen in Kairo übersetzt, jedoch bündelte aṭ-Ṭahṭāwī diese Aktivitäten und baute sie systematisch aus, als er 1837 Direktor der Sprachenschule wurde. Mit der Sprachenschule war seine Wirkungsstätte und die staatliche Translationsbewegung verortet. Es gab weiterhin Übersetzungsabteilungen an anderen Schulen, deren Translationsprodukte in vielen Fällen vor der Drucklegung im staatlichen Būlāq Verlag durch das Lektorat aṭ-Ṭahṭāwīs gingen, der als Revisor über die Qualitätskriterien wachte. Im vierten und fünften Teil dieses Kapitels richtet sich der Blick auf den Übersetzer aṭ-Ṭahṭāwī und seinen translatorischen Habitus, der durch seine muslimische Ausbildung von der Koranschule zur Azhar geprägt ist. Es wird gezeigt, dass das muslimisch-humanistische Konzept des *adab* bei ihm wirksam ist: *adab* ist eine Einstellung, eine ethische Haltung, die er mit seinem Mentor teilte. In Paris hat sich seine Vorstellung oder Vision der Modernisierung für seine Heimat herausgebildet. Seine Vision war optimistisch: Fortschritt entstünde durch Wissenstransfer, und dieser auf der Grundlage von Übersetzungen. In dieser Logik waren Übersetzungen Ziel und Mittel zugleich. Er war demnach parteiisch und stellte die Translation „[…] in den Dienst eigener politischer und kultureller Anliegen" (Prunč, zitiert nach Radegundis Stolze 2018: 225). Dennoch war für aṭ-Ṭahṭāwī das Übersetzen eine schwierige Kunst, die eine innovative Sprache erforderte, um im neuen sozio-linguistischen Kontext ausdrucksfähig zu sein. Dies beschreibt das Unterkapitel 4.6.

Kapitel 5 beschreibt das Feld, in dem aṭ-Ṭahṭāwī agierte, seine Handlungsoptionen im Spannungsfeld der sozialen und politischen Spielräume, die er für möglich hielt. Dabei hat er es insbesondere als junger Imam vermieden, sich bestimmten Gruppierungen anzuschließen: Im Gegenteil hat er unterschiedliche Förderer und Netzwerke genutzt, um sich eine Karriere aufzubauen. Sein Einfluss wurde immer größer, insbesondere als Direktor der Sprachenschule.

Die ökonomische und politische Abhängigkeit von Muhammad Ali blieb jedoch bestehen; sie hat sich erst in seinen späten Lebensjahren dahingehend gelöst, dass sein erworbener Reichtum ihn unabhängig gemacht hatte. Erst dann vertrat er eigene (politische) Positionen. Das Kapitel stellt einzelne Akteure vor und setzt sie in Beziehung, um so die einzelnen Machtkonstellationen und deren Dynamiken, die die Übersetzungsarbeit beeinflusst haben, herauszuarbeiten. Zusammenfassung und Auswertung schließen die Arbeit ab.

1 Überlegungen

1.1 Das Interesse an diesem Text

Die in der Einleitung skizzierte Thematik soll ein Beitrag zur Translationsgeschichte sein und auf Grundlage der Konzepte der Translationskultur von Prunč (2012) sowie des literarischen Feldes und Habitus von Bourdieu (2011) und unter Berücksichtigung des Konzepts des Mittlers von Anthony Pym (1997) bearbeitet werden.

Die grundsätzlichen Fragen lauten daher:

- Ist unter der Herrschaft Muhammad Alis eine Translationskultur in Kairo in der Zeit von 1831–1849 entstanden?
- War die Studienmission in Paris von 1826–1831 die Vorbereitung einer solchen Translationskultur?
- Was war die kurz- und mittelfristige Zielsetzung, ihr Skopos?
- Wie agierten die beteiligten Akteure?
- Warum wurde aṭ-Ṭahṭāwī ausgewählt?
- Welche Rolle spielte sein Gestaltungswille im Rahmen seiner Tätigkeit als Übersetzer nach der Rückkehr aus Paris 1831?

Aṭ-Ṭahṭāwī war Seelsorger und sollte mit drei weiteren arabischen Imamen das Gebet leiten und auch sonst die religiösen Belange der Studierenden begleiten. Für seinen Lehrer und Mentor an der Azhar, Ḥasan al-ʿAṭṭār, war es wichtig zu verstehen, wie es den Franzosen gelungen war, so herausragend in den Wissenschaften zu sein. Deshalb nominierte er seinen ehemaligen Schüler aṭ-Ṭahṭāwī.

- Wer also war aṭ-Ṭahṭāwī? Welche Ausbildung hatte er absolviert, bevor er nach Paris ging?
- Gab es prägende Ereignisse in seinem Leben, die sich auf sein berufliches Handeln auswirkten?

- Warum und für welche Rezipienten hat er den *Paris-Bericht* geschrieben?

Diese Fragen sollen im konkreten Kontext, in dem übersetzt wurde und in dem diese Übersetzungsbewegung sich später entwickelte, beantwortet werden. Aṭ-Ṭahṭāwī ist der Mittelpunkt, seine Biografie und seine frühen sozialen Prägungen und Dispositionen sowie sein Habitus werden beschrieben. Seine islamische Erziehung und seine Funktion als Imam bilden seine Identität und sein Selbstverständnis. Sein Handeln war dadurch geprägt und gefestigt. Daher wird gefragt:

- Wie sah aṭ-Ṭahṭāwī seine Funktion und die Rolle des Übersetzens?
- Welche Vorgaben hatte er und wie ging er damit um? Wieviel Entscheidungsfreiheit hatte er bei der Auswahl der Themen und Texte?
- Welche Rolle spielte dabei die Gründung der Sprachenschule 1836?

Armut, vor allem die plötzliche Verarmung, prägte sein Leben als Jugendlicher. Erst nach Publikation des *Paris-Berichts* erhielt er eine gut dotierte Stelle.

- Wie ging er mit der ökonomischen Abhängigkeit in einem autoritären politischen System um, in dem es keine individuelle Rechtssicherheit gab und alle vom Herrscher abhingen?
- Wie ging aṭ-Ṭahṭāwī damit um, dass das ökonomische Kapital (Bourdieu 2011) allein vom Staat investiert wurde, einschließlich der notwendigen Infrastruktur?
- Gab es einen Zusammenhang zwischen Übersetzung und einer möglichen Karriere?
- Welche Machtdynamiken entwickelten sich im literarischen (Kraft-) Feld?
- Wie wirkte sich diese Abhängigkeit auf seine Arbeit als Übersetzer aus?

Die Hypothesen sind:

- das Herzstück des von Muhammad Ali eingeleiteten strategischen Prozesses zur Modernisierung des osmanischen Ägypten war die Translationsbewegung, mit der ein umfassender Wissenstransfer eingeleitet wurde, der später, ab 1870, als arabische Renaissance oder *Nahḍa*[9] bekannt werden sollte,
- die Vorstufe zur Translationsbewegung war die Studienmission nach Paris 1826–31,
- die Translatoren waren „systemrelevant", weil mit ihren schnell einsetzbaren (Lehr-)Produkten das Staatsprojekt erfolgreich umgesetzt werden konnte,
- Translation ist ein macht- und interessengeleitetes Konstrukt (Prunč 2012: 20), dessen Formationskraft zur Entwicklung kultureller neuer Formen sich (fast) entgegen dem Auftrag entwickelte,
- aṭ-Ṭahṭāwī als exzellenter Netzwerker in diesen Machtkonstellationen konnte lange Jahre viel bewirken, weil er in sich selbst in seiner Sozialisation als muslimischer Gelehrter, *adīb,* einen Habitus entwickelte, in dem er immer verwurzelt blieb und der seine Sichtweise leitete.

Das Forschungsdesign besteht in der Analyse des *Paris-Berichts,* den aṭ-Ṭahṭāwī nach seiner Rückkehr aus Paris herausgegeben hat. Es werden vier Übersetzungen des *Paris-Berichts* in drei Sprachen, die wiederum zwei arabische Fassungen zur Grundlage haben, einer kritischen Lektüre unterzogen, um die oben gestellten Fragen zu beantworten. Biografische Informationen, Recherchen zur Translationsbewegung und zu weiteren Akteuren sowie zur

9 Die Nahḍa-Bewegung ist als Reaktion auf den Kulturschock nach Napoleons Invasion Ägyptens entstanden. Die Reformen Muhammad Alis waren ein Versuch, durch das Wissen aus Frankreich die eigene Position wieder zu stärken. Aṭ-Ṭahṭāwī gehört zur ersten Generation der Nahḍisten (Hourani 1983, 67 ff.). Er war der Überzeugung, Islam und wissenschaftlicher Fortschritt seien miteinander vereinbar, der Islam biete eine tragfähige Grundlage zur Integration des neuen Wissens.

historischen Situation werden unter Auswertung von Forschungsliteratur erarbeitet.

1.2 Theoretische Grundlagen

Übersetzt wird seit der Antike. Übersetzen hat ja eine lange Tradition. Die Translationswissenschaft beschäftigt sich mit den wissenschaftlichen Grundlagen des Übersetzens und bündelt diese als Disziplin seit den frühen 70er Jahren.

Auch die in dieser Studie beschriebene, von Muhammad Ali im 19. Jahrhundert initiierte Translationsbewegung hat berühmte Vorläufer in der Abbasidenzeit, im 9. Jahrhundert in Bagdad und in der „Schule von Toledo" im spanischen Mittelalter. Dabei fand ein umfangreicher Wissenstransfer statt, der alle Bereiche der Wissenschaften umfasste. Mit zunehmender Globalisierung nimmt insgesamt die Bedeutung des Übersetzens und Dolmetschens zu und die Beschäftigung der Translationswissenschaft verändert sich, indem sie immer mehr interdisziplinäre Elemente aufnimmt: aus der pragmatischen und kontrastiven Linguistik, der Informatik, der Soziologie und der Geschichte. Gleichzeitig stellt dies auch einen Emanzipationsprozess von ihren Quelldisziplinen, der Philologie, der Sprachwissenschaft sowie der vergleichenden Literaturwissenschaft dar, um eine neue Disziplin zu bilden (Prunč 2012: 31). Diese Entwicklung zeigt sich auch in den unterschiedlichen, sogenannten „turns", vornehmlich der linguistischen, kulturellen und der soziologischen Wende in den 2000er Jahren. Dabei werden die Übersetzungsprozesse und die Translatorinnen und Translatoren eingebettet in ihre jeweiligen sozialen Umgebungen:

> On the one hand, the act of translating, in all its various stages is undeniably carried out by individuals who belong to a social system; on the other, the translation phenomenon is inevitably implicated in social institutions, which greatly determine the selection, production and distribution of translation and, as a result, the strategies adopted in the translation itself (Michaela Wolf 2007: 1).

Beim „sociological turn“ wurden gerade soziologische Ansätze, insbesondere von Bourdieu, aber auch von Niklas Luhmann in der Translationswissenschaft rezipiert. Der französische Soziologe Bourdieu hat mit seinem Konzept des literarischen Felds (Bourdieu 2011) ausführlich die Machtbeziehungen und deren Dynamik zwischen beteiligten Akteuren beschrieben: Denn „[...] am Faktor Macht und seiner sozialen Verortung, an der Repräsentation, der Produktion von Wissen und Konstruktion von Identitäten und Kulturen führt kein Weg mehr vorbei“ (Prunč 2012: 315). Damit rückten endgültig die Translatorin und der Translator ins Blickfeld und mit ihnen deren Kapital, die Spannungsfelder des Prozesses und das Kraftfeld, in dem sie agierten.

In seinem in den 1990er Jahren entwickelten innovativen und produktiven Konzept der Translationskultur(en) integrierte Prunč sowohl die soziologischen Elemente als auch (translations-)kulturelle und historische Aspekte (Prunč 2008). Translationskultur umfasst dabei ein Set an sozialen Normen, Konventionen und Werten, die auch das Umfeld der Translatorinnen und Translatoren prägen, ebenso wie das der beteiligten Akteurinnen und Akteure und auch der nicht-beteiligten Gruppen und Netzwerke, die aber auch einen Einfluss ausüben können im Macht- oder Spannungsfeld. Sie versuchen ebenfalls „ins Spiel“ zu kommen und nutzen wiederum ihre eigenen Kommunikations- und Verhandlungsmöglichkeiten. Prunč definiert die Translationskultur:

> Unter Translationskultur ist das historisch gewachsene, sich aus der dialektischen Beziehung zur Translationspraxis entwickelnde, selbstreferentielle und selbstregulierende Subsystem einer Kultur zu verstehen, das sich auf das Handlungsfeld Translation bezieht. Sie besteht aus einem Set von gesellschaftlich etablierten, gesteuerten und steuerbaren Normen, Konventionen, Erwartungshaltungen, Wertvorstellungen und habitualisierten Verhaltensmustern aller in der jeweiligen Kultur aktuell oder potentiell an Translationsprozessen beteiligten Handlungspartner. (Prunč 2012: 340)

So ist die Translationskultur der Niederschlag des „[...] machtgeleiteten Interessenausgleichs aller an Translation, deren Funktion und Funktionieren interessierten Individuen und Institutionen“ (Prunč 2008: 26). Diese Machtstrukturen beschreibt Prunč (2008: 11) auch im Konzept der Translationskultur, indem er drei Konzepte der Bourdieu'schen Kultursoziologie für die Translationswissenschaft rezipiert und fruchtbar macht. So kann er sein Ziel, den sozialen Raum zu modellieren und die gesellschaftliche Funktion von Translation zu verorten, systematisch darlegen: mit den Begriffen Feld, Kapital und Habitus. Das translatorische Feld ist dabei das Machtfeld. Daher muss auch eine Typologisierung der Gesellschaft stattfinden: Es gilt zu klären, ob diese autoritär, autokratisch oder demokratisch ist, oder auf Autoren, Initiatoren, Translatoren oder Adressaten zentriert funktioniert. Denn es gibt Translationskulturen, „[...] in denen ein starker politischer Wille und/oder kultureller Wille zum Import von Wissen und Konzepten und (literarischen) Texten vorhanden ist, z. B. zu Beginn des 9. Jhds. in der Übersetzungsschule von Bagdad oder der Übersetzungsschule von Toledo" (Prunč 2008: 27). Macht, auch Verfügungsmacht, spielt sich somit im translatorischen Feld ab, wo die Spielregeln im sozialen Betätigungsfeld festgelegt sind oder werden. Dabei ist der Glaube an den Wert des Produktes und des Produzierens, sowie die Wichtigkeit des Feldes insgesamt die Voraussetzung für das Funktionieren des gesamten Prozesses, damit das gewünschte Produkt auch entstehen kann. Dies ist wichtig für die Situation, in der sich aṭ-Ṭahṭāwī befunden hat, wie später gezeigt werden kann. Der Translator bringt in dieses translatorische Feld seinen translatorischen Habitus.

> [...] Er [der Habitus, Anm. Verf.] repräsentiert ein Stück verinnerlichter Gesellschaft, deren Strukturen über die Sozialisation einverleibt wurden *(Inkorporationsannahme).* [...] Als ein so generiertes System von Dispositionen leitet es unbewußt spezifische Praxisstrategien an *(Unbewusstheitsannahme).* (Hans-Peter Müller 2014: 42)

Weiterhin wirkt der Habitus strukturierend. Prunč formuliert diese Idee so, dass er von „einem soziokognitiven Konstrukt" (Prunč 2012: 342) spricht, welches die von einem Individuum verinnerlichten Spielregeln eines Feldes repräsentiere. Diese Spielregeln lassen sich dann einer Gesellschaftsschicht oder Gruppe zuordnen, wo sie für Interaktionen genutzt werden.

Wenn nun Translatorinnen und Translatoren in dem Konzept der Translationskultur in den Mittelpunkt rücken, sie Akteurinnen und Akteure sind bzw. als solche gesehen werden, dann haben sie in der Logik auch eigene Handlungsoptionen, d. h. eine Wahl in ihren translatorischen Handlungen und Entscheidungen: Folgerichtig stellt Prunč die Frage nach der Ethik der Translation, ebenso wie dies schon 1994 Anthony Pym in seinen Pariser Vorlesungen am Collège International de Philosophie getan hat (Pym 1997). Es geht um die Einordnung des Handelns und um Kriterien, wie das translatorische Handeln im Spannungsfeld zwischen Ausgangstext und Zieltext, den Asymmetrien der Sprachen[10] und der Macht (Prunč 2012), klassifiziert werden kann. Dabei müssen der Skopos und soziale Möglichkeiten des Handlungsrahmens in Betracht gezogen werden. Dies macht insbesondere Sinn, da Translatorinnen und Translatoren nach der soziologischen Wende Handlungsspielräume für ethisches Handeln zugesprochen werden. So prägen drei Elemente die Translationskultur und bestimmen die Ethik der Translatorinnen und Translatoren: Loyalität, Kooperation und Transparenz (Sonja Pöllabauer 2006).

Es stellt sich die Frage, wie sich diese Parameter angesichts erheblicher Asymmetrien der Macht im Rahmen der Regentschaft Muhammad Alis haben umsetzen lassen. Seine staatliche Allmacht umfasste alle Akteure im Feld, das gesamte ökonomische Kapital für alle relevanten Prozesse, einschließlich Weiterbildungen für Personen, die sich fachsprachenspezifische Elemente[11] aneignen sollten. Der Staat verfügte über gut dotierte Stellen für die Über-

10 Eine Machtasymmetrie der Sprachen bestand insofern, da Frankreich die größere politische und ökonomische Stärke hatte (Prunč 2012: 323). Daher rührt das höhere Prestige für das Französische. Konkret im Übersetzungszusammenhang hatte es als Wissenschaftssprache bereits Begriffe, die dem Arabischen fehlten, und erst entwickelt werden mussten. Die Fortschrittsgläubigen stellten das Französische somit als höherwertig dar, Gegner der Modernisierung nicht. Aṭ-Ṭahṭāwī sah den Mangel und schaffte Abhilfe, indem er sich der Erarbeitung einer Lexik widmete, die Defizite beheben sollte. Dieser Mangel war aber für ihn ein vorübergehender, der insgesamt seine Wertschätzung und Liebe zur arabischen Sprache nicht verringerte, eher im Gegenteil: Sie würde neue Begriffe aufnehmen und umso effizienter werden. Und er war Teil dieser Verbesserungsstrategie. Vgl. Kapitel 4.6.

11 Einige der Efendis, die auf die Studienmission geschickt wurden, hatten bereits verantwortliche berufliche Positionen und sollten die Fortschritte in ihrem Feld erlernen und die neuen Termini auch sprachlich erschließen, um so die Übersetzungen und den Know-how-Transfer zu optimieren.

setzer, was bis dahin im osmanischen Staat nicht oft der Fall war. „Bis zur Mitte des 19. Jahrhunderts war die Kenntnis einer europäischen Sprache ein wesentliches Instrument für ehrgeizige junge Moslems geworden, die sich auf eine Karriere im Regierungsdienst Hoffnung machten […].“ (Bernard Lewis 1987: 87). Muhammad Ali verfügte über die Möglichkeit der Verortung der Translationsaktivitäten in Form von Infrastruktur (Gebäude, Betriebskosten, Personal) und die Verbreitungsmöglichkeiten (Verlag und Zeitschriften). Interessensausgleich und Verhandlungen gab es immer nur unter ständigen Ergebenheitsbeteuerungen und Loyalitätsbekundungen und auch dann gab das politische System Raum für ständige Unberechenbarkeiten.

Loyalitäten und Kooperationen zwischen den Akteuren auf gleicher Ebene mussten immer wieder neu verhandelt werden, da sich das System nur kurzzeitig und teilweise stabil innerhalb des Kräftefelds darstellte. Aṭ-Ṭahṭāwī begriff diese „Arbeitsbedingung“ von Anfang an und berichtete ausführlich im *Paris-Bericht*. Während er in Paris noch „efficient, punctual, hardworking, silent and yes, invisible“ (Simeoni, zit. nach Prunč 2012: 320) war, entwickelte er mehr und mehr Gestaltungswillen. Er wollte durch die Übersetzungen für die jungen Ägypter eine so gute Schul- und Hochschulbildung, wie er sie in Frankreich gesehen hatte, und er glaubte fest daran, dass sich das auch erreichen ließe. Eine Besonderheit der Translationsbewegung unter Muhammad Ali ist die konkrete Zweckgerichtetheit, der Skopos der Übersetzungen. Sie sollten dem Lehrzweck an den „neuen Schulen“ dienen, die Muhammad Ali im Rahmen seiner Reformpolitik eröffnet hatte, d. h. der wissenschaftliche Ausgangstext ist gegenüber dem gefertigten Zieltext aufgrund des Skopos weniger zentral. Das Primat ist die Anwendbarkeit oder Verwendbarkeit. Somit soll mit Hilfe der Skopostheorie[12] der Gebrauchsaspekt betont werden. Wenn der Skopos den Übersetzungsprozess leitet, nimmt die Translatorin oder der Translator die Interpretation vom Aspekt der Zieltextfunktion vor (Prunč 2012: 155).

12 Das griechische Wort „skopos“ bedeutet „Ziel“ oder „Zweck“. „Als Skopos versteht man die Zielvorgabe/das Ziel einer Translation“ (Prunč 2012: 154).

> Das Translat […] muss für die Rezipienten in der jeweiligen Situation interpretierbar und sinnvoll sein. Wenn der AT als Teil des ausgangskulturellen und der Zieltext als Teil des zielkulturellen Weltkontinuums betrachtet wird, beginnt der eigentliche Prozess der Translation mit dem Herauslösen des AT aus dem ausgangkulturellen Welt- und Textkontinuum und endet mit seiner Integration in das Welt- und Textkontinuum der Zielkultur. (Prunč 2012: 154)

Daher kann die Translatorin oder der Translator einzelne Textteile unterschiedlich gewichten (Ibid.; Pym 2014: 55), je nachdem was mit dem Zieltext geplant ist: ob es ein Lehrwerk oder ein Skript für Studierende oder ein Fachtext, wie z. B. der Code Napoleon, den aṭ-Ṭahṭāwī in seinen letzten Jahren ins Arabische übersetzt hat, werden sollte.

Die Studie versteht sich auch als ein Beitrag zur Translationskultur in einem historischen Zeitraum und untersucht historisches Translationsgeschehen. Auf diese Weise werden unterschiedliche translatorische Prozesse und Akteure, deren Auswirkungen und Ziele sowie Strategien in einem historischen Kontext untersucht. Michaela Wolf (2012) beschäftigte sich mit Prozessen der Vielsprachigkeit in der Habsburgermonarchie, Larisa Schippel et al. (2016) erforschten translatorische Prozesse im Umfeld des „Dritten Reichs" und zeichneten Biografien und Geschichten von Akteurinnen und Akteuren aus dieser Zeit nach: Translatorinnen und Translatoren, die unterschiedliche Entscheidungen treffen mussten, erzwungen durch die nationalsozialistische Politik, mit entsprechenden Folgen für ihr Leben. Hans Vermeer hat 1992 mit *Skizzen zu einer Geschichte der Translation* die Historie des Übersetzens von den Anfängen bis ins 16. Jahrhundert beschrieben, während Jean Delisle und Judith Woodsworth (2012) mit *Translators through History* ein umfassendes Werk zu Übersetzerinnen und Übersetzern über die Jahrhunderte vorlegten. Auch die Erforschung der historischen Translationskulturen ist als Geschichte des Gegenstandes – des Übersetzens[13] – wichtig zur Etablierung und Konstruk-

13 In der vorliegenden Arbeit geht es ausschließlich um das Übersetzen. Dies soll jedoch nicht bedeuten, dass das Dolmetschen als weniger wichtig angesehen wird. Es ist aus unterschiedlichen Quellen belegt, dass sich aṭ-Ṭahṭāwī nicht besonders für den mündlichen Ausdruck

tion einer eigenen Identität der Disziplin (Schippel 2012; Julia Richter 2019). Dabei beginnt Translationsgeschichte vor der Translation:

> Die Geschichte einer Translation beginnt also in den seltensten Fällen zu dem Zeitpunkt, an dem der Translationsprozess beginnt, sondern sie beginnt im Selektions- und Transferprozess. In diesen Vorprozessen werden die Weichen für das translatorische Ereignis gestellt. Denn sie bestimmten die Motivation, aus der heraus der Translationsprozess begonnen wird und damit auch die Funktion, die der Translation zugedacht wird. (Richter 2019: Anm. 13)

Dieser Aspekt ist sehr bedeutsam für die Übersetzungen, die aṭ-Ṭahṭāwī in Paris angefertigt hat, denn im *Paris-Bericht* beschreibt er diese Vorprozesse ausführlich: Sie hatten wesentlichen Einfluss auf die Themenauswahl, wenngleich sie dennoch nicht seine Auswahl völlig dominierten. Unterschiedliche Perspektiven sind so Anfang der 2000er Jahre erforscht worden: Während sich Lieven d'Hulst (2012) mit der Geschichte des Übersetzungswissens und mit der „translation knowledge" beschäftigte, erforschte Pym (2000) die Translationskultur im Toledo des 12./13. Jahrhunderts. Er untersuchte diese Übersetzerbewegungen unter besonderer Berücksichtigung interkultureller Aspekte der Arbeitswerkstätten in Toledo. Für Pym ist Translationsgeschichte immer eine „history of translators" und daher sind die Persönlichkeit der Translatorin und des Translators, deren Netzwerk sowie die Translationsumgebung bedeutsam. Wichtig ist für ihn auch die Frage der Interkulturalität (Pym 1997), weil sie Hinweise auf Strategien und Einstellungen der Übersetzerin oder des Übersetzers geben kann. Pym fragt nach den Gründen, warum eine bestimmte Übersetzung zu einem bestimmten Zeitpunkt an einem bestimmten Ort angefertigt wurde. „We would like to know more about who is doing the mediating, for whom, within what networks, and with what social effects" (Pym 2006: 4). Es geht daher schon lange nicht mehr nur um das Translat an sich, sondern

---

im Französischen interessierte und sich auf das Übersetzen beschränkt hat. Der Skopos der Translationsbewegung insgesamt legte ebenso einen Schwerpunkt auf das schriftliche Translat, verstanden als „jedes Produkt der Translation" Prunč (2012: 21).

um die Umstände, die es hervorgebracht haben. Deshalb, wie bei Prunč auch, liegt der „focus on mediators rather than translations" (Pym 2006: 2). Dies ist eine klare Hinwendung zu den Akteuren als Mediatoren. Was passiert, so fragt er, wenn „Interkulturalisten" sich austauschen und kommunizieren und dann etwas Neues entsteht? Pyms theoretische Grundlagen, die er in *Pour une éthique du traducteur* (Pym 1997) beschreibt, sind bedeutsam: Sie beschreiben einen Kodex, der sich durch drei wichtige Kompetenzen auszeichnet, die eine Translatorin oder ein Translator aufbauen sollte: Verantwortung, Kausalität und Kooperation. Die Ethik aṭ-Ṭahṭāwīs war geprägt vom Selbstverständnis eines muslimischen Gelehrten. Daraus leitete sich sein Verständnis von Verantwortung ab. Kooperationen betrachtete er strategisch und kausal, denn ohne Verbindungen gab es keine Gestaltung.

Zusammenfassend sieht sich die Arbeit als ein Beitrag zur Translationsgeschichte in Ägypten 1826–1848: 1826 beginnt die Studienmission, 1848 stirbt Muhammad Ali und aṭ-Ṭahṭāwī wird ins Exil nach Khartum gezwungen. Mit dem Konzept der Translationskultur werden die Translationsbewegung mit den unterschiedlichen Akteuren sowie unter Einbeziehung der Feldtheorie von Bourdieu deren Machtkonstellationen beschrieben. Mit Hilfe des soziologischen Konzepts des Habitus von Bourdieu und des Konzepts des Mittlers von Pym wird die Persönlichkeit aṭ-Ṭahṭāwīs beschrieben, der beim Aufbau der Translationsstrukturen und -prozesse in Ägypten im Mittelpunkt steht. Es wird auf die Skopos-Theorie Bezug genommen und davon ausgegangen, dass die Übersetzung der Ausgangstexte bzw. die Erarbeitung der Zieltexte stark dem Zweck, die staatlichen Vorgaben zu erfüllen, dienten. Diese wiederum waren alle Teilprodukte eines übergeordneten Zieles der gesamten Übersetzungsbewegung, nämlich der Reform im Ausbildungswesen, der Modernisierung der staatlichen Verwaltung, des Heers und der Wirtschaft und infolgedessen des Machterhalts Muhammad Alis.

2 Forschungsliteratur

2.1 Reformer und Begründer der Nahḍa

Aṭ-Ṭahṭāwī hat in den letzten Jahren ein Revival erlebt. Dass er gerade im Zusammenhang mit dem „Arabischen Frühling" in den Blickpunkt geraten ist (Adonis 2014)[14] zeigt, wie sehr er als politischer Reformer gesehen wird, dem es gelungen sei, die Frage der Vereinbarkeit von „West und Ost" zu lösen. Damit ist er laut Adonis der Begründer der Nahḍa, des arabischen Erwachens oder der arabischen Renaissance.

Peter Hill hat 2019 mit *Utopia and Civilisation in the Arab Nahda* ein Standardwerk über diese Entwicklung geschrieben. Er legte unterschiedliche Phasen der arabischen Nahḍa dar. Für die Entstehungszeit, d. h. die Zeit in der aṭ-Ṭahṭāwī in Ägypten wirkte, definiert er einige Faktoren, durch die diese Bewegung initiiert wurde: „[...] at once a circle of people, a set of cultural tendencies or practices, and – in some cases – a group of formal cultural institutions, such as schools, presses or learned societies [...]" (Hill 2019: 18) seien entstanden. Diese besondere Konstellation habe es in der Übersetzerbewegung gegeben. Im politischen Bereich jedoch habe die Renaissance-Bewegung erst in der zweiten Hälfte des 19. Jahrhunderts Fuß gefasst. Die meisten der Autorinnen oder Autoren berücksichtigen diese Unterscheidung nicht. Sie fokussieren auf die Frage der Vereinbarkeit von Säkularisierung und Religion, und konkret auf die Frage, wie und ob überhaupt westliche Staatsvorstellungen und Freiheit mit islamischen Prinzipien der Untrennbarkeit von Staat und Religion kompatibel seien. Im Rahmen der islamischen Ideengeschichte wird aṭ-Ṭahṭāwī oft so verstanden, als habe er säkulares Gedankengut so integriert, dass sich die ersehnte Synthese einer „islamischen Demokratie" herauslesen lasse.[15]

14 Vgl. Einleitung.

15 Azzam Tamimi (2007) hat in seinem Artikel *Islam and Democracy from Tahtawi to Ghannouchi* einen ideengeschichtlichen Bogen von aṭ-Ṭahṭāwī über Khair ad-din at-Tunisi

Andere sehen in ihm jemanden, der tatsächlich das Beste beider Welten verbunden hat: Sorman (2003) geht von *deux islams* aus, einem konservativen und verschlossenen „alten" Islam und einem modernen. Er zählt aṭ-Ṭahṭāwī zu jenen, die die Ideen der Moderne positiv aufgenommen und Fortschritt und Weiterentwicklung als prioritäre Aufgabe betrachteten. Aṭ-Ṭahṭāwī, Vater der arabischen Renaissance (Sorman: 10), sei ein „humanist croyant" (Sorman: 15). Da in der vorliegenden Arbeit der *Paris-Bericht* und die später entstandene Translationskultur zwischen 1831–1848 in Kairo im Mittelpunkt stehen, sollen Arbeiten, die sich allein dieser Thematik widmen, nicht näher beleuchtet werden, zumal sie sich meistens auf Spätwerke aṭ-Ṭahṭāwīs beziehen.[16] Albert Hourani zeichnet in *Arabic thought in the liberal age 1789–1939* aṭ-Ṭahṭāwīs historische Bedeutung und Funktion wie folgt:

> Tahtawi's ideas about society and the State are neither a mere restatement of a traditional view nor a simple reflection of the ideas he had learnt in Paris. The way in which his ideas are formulated is on the whole traditional: at every point he makes appeal to the example of the Prophet and his Companions, and his conceptions of political authority are within the tradition of Islamic thought. [...] It is a conventional Islamic view. (1983: 73)

Hourani sieht ihn verwurzelt im System, in dem er aufwuchs und studierte. Als die Generation, die „First views of Europe" (Hourani 1983: 34 ff.) erlernte und nach Ägypten brachte, war aṭ-Ṭahṭāwī von den rechtlichen Möglichkeiten im politischen Leben in Frankreich sehr beeindruckt: Er übersetzte in seinen letzten Jahren mit einem langjährigen Kollegen, der mit ihm in Paris studiert hatte,

---

(1810–1899), Ǧamāl ad-Dīn al-Afġānī (1838–97) und dessen Schüler Muḥammad ʿAbduh (1849–1905) bis zu den Muslimbrüdern Ḥasan al-Bannā (1906–49), Sayyid Quṭb (1906–66) und Rāšid al-Ġannūšī (geb. 1941), Gründer der *Ḥarakat an-Nahḍa* und von 2011–2014 tunesischer Ministerpräsident, gespannt. Dieser Exkurs zeigt die Wirkmächtigkeit aṭ-Ṭahṭāwīs in der Frage, wie die Modernität eines muslimischen Staates beschaffen sein könnte.

16 U. a. auf *The Roads of Egyptian Hearts in the Joys of the Contemporary Arts*, 1869 im Būlāq Verlag erschienen. Er beschreibt dort in Essays seine kulturellen, sozialen, politischen und philosophischen Gedanken.

den Code Napoleon, denn Rechtsfragen im politischen Raum beschäftigten ihn sein ganzes Leben lang. Seine Haltung war klar: „The ruler possesses absolute executive power, but his use of it should be tempered by respect for the law and those who preserve it“ (Hourani 1983: 34).[17] Die Gewaltenteilung, welche er aus dem Studium von Montesquieu kennengelernt hatte, ist für ihn undenkbar, wenngleich wünschenswert. Er war für die Limitierung der Macht, hat das aber im *Paris-Bericht* nicht explizit ausgeführt. Aṭ-Ṭahṭāwī glaubte, dass Ägypten mit dem Fortschritt in den Wissenschaften eines Tages zu Frankreich aufschließen könnte. Es gab Fortschritt, viele neue Bauprojekte im Kommunikationsbereich, z. B. dem Suez-Kanal, zeugten davon. Dann wäre Ägypten in der Lage, etwas für die Universalität der Menschheit zu leisten, wie es eben Frankreich bereits tue. Dies sei, so aṭ-Ṭahṭāwī, im Grunde logisch, denn die Europäer hätten im Mittelalter durch die Araber die Wissenschaften erlernt und übersetzt. Dadurch hätten sie die jetzige Größe und Innovationsfreudigkeit erlangt. Ihm zufolge sei es nun so, dass sie sich diese Weiterentwicklungen zurückholten, damit sie sich mit ihren muslimisch-kulturellen Werten ebenso würden weiterentwickeln können (Hourani 1983: 79–81). Aṭ-Ṭahṭāwī hatte Tatkraft, Zuversicht und Optimismus in eine fortschrittsorientierte Zeit, und er glaubte, dass ein islamisches Ägypten sich zu einer Art „Frankreich des Ostens“ entwickeln könne. Dadurch konnten spätere islamische Denker sich ebenso auf ihn beziehen wie säkulare.

Der Frage, welchen Einfluss die Jahre in Frankreich und die Beschäftigung mit den französischen Aufklärern auf aṭ-Ṭahṭāwī hatten, geht Raouf Abbas Hamed (1990) in seiner vergleichenden Studie nach: *The Japanese and Egyptian Enlightenment* beschreibt Leben und Werk der beiden Übersetzer und Reformer Fukuzawa Yukichi und aṭ-Ṭahṭāwī. Hamed unterstreicht die Vielfältigkeit der Bezüge, die aṭ-Ṭahṭāwīs Werk ermöglicht:

> In the writings of Tahtawi we come, for the first time, on many themes later to be familiar in Arabic and Islamic thought. All his ideas were to

17 Tamimi (2007: 43) geht einen Schritt weiter: Aṭ-Ṭahṭāwī habe erstmals den Begriff des Bürgers (citizen, watani) eingeführt und für eine Machtbeschränkung des Staates plädiert.

> become the commonplaces of later thinkers and to inspire the advocates of Egyptian nationalism in particular. (Hamed: 48)

Hamed betont den tragenden Einfluss, den das Leben im Land der Aufklärung bzw. die Lektüre der französischen Aufklärer nicht nur auf die Persönlichkeit der beiden Übersetzer gehabt habe, sondern auch auf deren Einstellung zur Modernität bzw. zur Modernisierung. Er beschreibt sie als „high-level generalization“, die auf unterschiedlichen Ebenen stattfinde. „This study mainly concentrates on the compound process of modernization, taking the enlightenment ideas as the core of this process“ (Hamed: Preface). Er sieht die Wirkung der beiden Übersetzer jedoch nicht im Politischen, sondern darin, dass sie sich für Reformen einsetzten, damit Sprachenstudium und Übersetzen sowie ein solides Grundwissen im jeweiligen Erziehungssystem ihrer Länder etabliert werden konnten. Sie waren Vorreiter, indem sie auf völlig neuem Terrain ihre analytischen Fähigkeiten nutzten, um zu verstehen und in Sprache zu bringen, was sie in Frankreich an Konzepten in unterschiedlichen Bereichen gelernt hatten. Beide erkannten zudem, dass die Modernisierung ihrer Länder notwendig und diese nur über die Bildungsschiene möglich war. Daher setzen sie sich für eine Reform des Erziehungswesens ein.

David H. Warren (2017) beschreibt wie aṭ-Ṭahṭāwī von klein auf durch die islamische Erziehung in der Familie, in der Koranschule und später an der Azhar geprägt wurde, und die Einflüsse der französischen Aufklärung gerade deshalb eine sehr abgewogene, aber immer aus der islamischen Verwurzelung heraus agierende Persönlichkeit aus ihm machten. Er beschreibt die unterschiedlichen Erwartungen, die an aṭ-Ṭahṭāwī gestellt wurden: Einige waren enttäuscht. Sie warfen ihm vor, dass er die Trennung von Staat und Religion nicht theoretisch weitergedacht habe, was eine Säkularisierung als Basis für eine langfristige Modernisierung zur Folge hatte:

> Much of the historiography of al-Tahtawi’s intellectual production can be characterized by an admiration for his ingenuity and productivity, coupled with a certain disappointment that he ultimately seemed unable (or unwilling) to faithfully replicate his reading of French Enlightenment authors to produce an Islamic political theory that would satisfy a

> contemporary reader rooted in the post-Enlightenment liberal tradition. (Warren: 35)

Solche Überlegungen sind noch eindrücklicher, wenn man sie mit Edward Said vor dem Hintergrund der Orientalismusdebatte sieht oder mit Alexander Schölch (2004):

> Dahinter stand die mehr oder weniger ausgeprägte Vorstellung einer seit Jahrhunderten im Niedergang begriffenen, wirtschaftlich und kulturell verkümmerten, obskurantistischen ‚islamischen' Welt, die durch die Berührung mit Europa zu neuem Leben erweckt wurde – *occidente lux*. (363)[18]

Peter Gran (2002) hat eine weniger eurozentristische Sicht der Jahre in Paris:

> Most writings evaluating Tahtawi's years in France stress that a great change came over him at this point. Those favouring secular culture praise this as enlightenment, those representing the Islamic trend lament the influence of secularism on him. Some of the points of detail found in these discussions which are used as evidence of change include […] his contribution of specific ideas, such as the idea of one's nation and finally his deepening acquaintance with modern science and with the Copernican Revolution. These ideas have been well-established in scholarship since the last century but how we should interpret seems today at least to me not to be so clear. Tahtawi in his manner of writing at least does not convey a sense of trying to convey some major change that came over his own thinking. (2002: 5)

18 Wie umstritten bei Historikern der islamischen Geschichte die Frage nach der Aufklärung, des *Enlightenment* ist, und ob tatsächlich die Geschichte ab 1798 im arabischen Orient neu geschrieben werden muss (müsste) oder ob nicht doch schon eigene Diskurse in islamischen Gelehrtenkreisen „autochthone, dynamische Identitäten" diskutierten, wird intensiv besprochen. Vgl. *Struggling with Schulze* (Kemper 2018) und ausführlich, *Reinhard Schulzes Hypothese einer islamischen Aufklärung* (Hagen & Seidensticker 1998).

Gran präsentiert eine alternative Erklärung, die angesichts der Biografie viel wahrscheinlicher ist: Ein junger Imam, seit seiner Kindheit an muslimischen Institutionen ausgebildet, hochbegabt und wissbegierig, nutzt die Chancen, die ihm sein Auslandsaufenthalt bietet. Dabei weiß er, dass seine Berichte nach seiner Rückkehr gelesen werden. Die Studienmission war für ihn ein Karriere-Meilenstein:

> To conclude, the hypothesis that Tahtawi was a genius in the raw or some kind of a blank slate might not be the best way to characterise him. He had had a cultural formation in Egypt; in fact, he had one in Tahta before he even reached Cairo. He continued to develop in France. This was facilitated by the fact that France was more like Egypt than it was different. This is the alternative interpretation. Tahtawi went to France quite aware of what he was getting into. (2002: 8)[19]

Ebenso wird argumentiert, dass seine Ausbildung und seine wirtschaftliche Situation, bevor er nach Frankreich reiste, ihn geprägt haben, sodass er zwischen Tradition und Moderne einen kreativen Prozess einleiten konnte:

> Translation is a highly creative process, and through his translations al-Tahtawi established a dialectic between the frameworks of the Islamic and French traditions. Consequently, he was able to embark upon a thorough critique of the French project of modernity that he was encountering, while also grounding his project in his tradition's internal impulses of renewal and reform […]. (Warren 2017: 36)

Wie er das Eigene und das Fremde zeichnete, das Fremde mit dem Eigenen verglich, anglich, um es für sein Publikum verständlicher zu machen, darin besteht seine Kunst, mit all dem Neuen umzugehen.

Louca hat diese Fähigkeit in seinem Artikel *La médiation de Tahtawi 1801–1879* beschrieben und fragt eingangs: „Qu'est-ce qu'un intermédiaire culturel?" (Louca 2002: 59). Er nennt ein Beispiel aus der 13. Abhandlung im

19 Ebenso Warren (2017: 35).

Dritten Buch des *Paris-Berichts*, in der aṭ-Ṭahṭāwī über 24 Seiten hinweg die „führende Stellung der Pariser in Wissenschaften, Künsten und industriellen Fertigkeiten […]" inklusive der Bibliotheken, Grandes Écoles, der École Polytechnique und der Akademien beschreibt:

> Quant à leurs savants, ils présentent une autre tendance, par leur possession parfaite de plusieurs matières et leur sollicitude, par surcroît, pour une branche spéciale. Ils se distinguent en multipliant les découvertes, en apportant des contributions sans précédent. (Louca: 62)[20]

Seine Beschreibung ist eine implizite Kritik an dem System der Ausbildung wie er sie an der Azhar erfahren hat. Insbesondere kritisiert er, dass dort ausschließlich auf Religion bezogene Fächer gelehrt werden, ebenso kritisiert er die Selbstbezogenheit der Religionsgelehrten, die sich selbst jedoch als Wissenschaftler bezeichneten. Gleichzeitig, so berichtet Louca unter Bezugnahme auf Caussin de Perceval[21], habe er aus dem Manuskript des *Paris-Berichts* eine Passage gestrichen, in der es um die Frage geht, wer sich um wen dreht: Er fürchtete in dieser Frage gegen die Meinung der Gelehrten der Azhar zu verstoßen, was ihm zu heikel war. Er versucht somit, Kritik da auszuüben, wo er sie für vertretbar hielt, ohne jedoch Kontroversen auszulösen, die in seiner Situation nicht zu gewinnen gewesen wären. 1838 war er bereits ein allseits bekannter und geschätzter Gelehrter und Kenner Frankreichs, der 1837 als Direktor der Sprachenschule eine Position angetreten hatte, die ihn einen gewissen Schutz genießen ließ. Das erlaubte ihm, den umstrittenen Punkt – mit Hinweis auf die „treue Übersetzung" in der Übersetzung von Malte-Bruns *Géographie*[22] – doch entgegen der herrschenden Lehre zu übersetzen und herauszugeben. Im Vorwort äußert er sich folgendermaßen:

20 Vgl. auch Stowasser (150).

21 Caussin de Perceval, Professor für Arabische Sprache am Collège de France in Paris bis 1835, kannte das Manuskript des *Paris-Berichts* und auch den Teil über die Frage der Erdrotation, den aṭ-Ṭahṭāwī in der ersten Auflage 1834 nicht publiziert hat. Vgl. Louca (1988: 331, Anmerkung 232).

22 Erschienen im Būlāq Verlag 1838. Er hat einen Teil (des ersten Bandes) bereits in Paris übersetzt, weitere der insgesamt vier Bände, hat er im Exil im Sudan übersetzt.

> On trouve dans ce livre des expressions tirées de la cosmologie et de la physique auxquelles les ulémas ne croient point, mais nous les citons quand même telles qu'elles sont, pour que la traduction reste fidèle. D'ailleurs, nous les admettons du point de vue pratique et pour les mathématiques qui s'y trouvent, et non au point de vue de la croyance (Louca 2002: 63).

Aṭ-Ṭahṭāwī stand als Mittler immer dazwischen. Er kannte beide Positionen und wollte gehört werden. Deshalb wollte er eine Kontroverse vermeiden: „Il s'installe dans une double distance, par rapport à l'autre et par rapport à lui-même" (Louca 2002: 65). Letzteres gilt insbesondere, nachdem er in Paris die Orientalisten Jomard, Silvestre de Sacy und Ernest Renan kennengelernt hatte, die ihm einen Spiegel seiner eigenen Kultur vorhielten.

2.2 Der Translator

Nicht nur über aṭ-Ṭahṭāwī und seine Übersetzertätigkeit ist wenig berichtet worden, dasselbe gilt auch für Ḥunayn ibn Isḥāq, einen ganz großen Übersetzer in der Geschichte, so Ghada Osman (2012: 43): „However, little has been found regarding how these figures approached translation". So sehr er auch als Begründer einer historischen Epoche in Ägypten bzw. in arabischen Ländern gesehen und in Verbindung mit der arabischen Renaissance gefeiert wird, so erstaunlich ist es, dass die Grundlage all dessen, die Übersetzungen aus vielen Wissenschaftsbereichen aus dem Französischen, die er, später seine Schüler sowie viele andere, an der neu gegründeten *Dār al-Alsun* in Kairo anfertigten und herausgaben, relativ wenig Beachtung findet.

> Existing studies provide a valuable source of information and critical viewpoints, but they are located in disciplinary contexts that do not generally engage with translation studies. The formative role of translation is not often problematised with reference to the effect on the target culture and to the ways in which the source culture is used and represented (Salama-Carr: 214).

Salama-Carr (2007) sieht auch die […] „invisibility of the Arabic tradition in much of the historiographical work that is undertaken in translation studies“ (Salama-Carr: 216) als möglichen Grund. Er hat als Grammatiker und als Lexikograph eine gewisse Bekanntheit, denn er hat sich sehr darum bemüht, die arabische Sprache so zu reformieren bzw. zu bereichern und zu vereinfachen, dass sie als Wissenschaftssprache erfolgreich sein würde.[23] Salama-Carr (2007: 216) zieht ebenfalls in Betracht, dass die Werke, die aṭ-Ṭahṭāwī als Essayist verfasste, den Ruf, den er sich mit dem *Paris-Bericht* erworben hatte, überstrahlten.

23 Vgl. Kapitel 4.6.

3 Ein Muslim entdeckt Europa. Rifāʿa aṭ-Ṭahṭāwī in Paris

3.1 Historische Einführung – Muhammad Ali in Ägypten

„Warten auf die Moderne“ übertitelt der Islamwissenschaftler und orientalische Philologe Reinhard Schulze (2011) seinen Beitrag zur Globalgeschichte der Welt und kommt zu dem Schluss, dass das 18. Jahrhundert für die islamische Welt kein Zeitalter des Niedergangs war, sondern sie in Differenzierungsprozesse eingebettet war, aus denen einzelne Reiche mit veränderten Positionen hervorgingen (Schulze 2011: 269).[24] Die Osmanen hatten im ausgehenden 18. Jahrhundert ihre militärische und technische Stärke beachtlich gut verteidigen können, vor allem auch gegen die expandierenden Europäer (Friedemann Büttner 1971: 7). Sie versäumten es allerdings, früh genug politische und vor allem ökonomische Modernisierungen durchzuführen. Die Handelskontakte mit Europäern veränderten die Sicht der jüngeren Elite. Versuche, den Forderungen der jüngeren Osmanen nach mehr politischer Autonomie und

24 Das Narrativ, das osmanische Imperium und die islamische Welt seien im 18. Jahrhundert bereits im Niedergang begriffen gewesen, ist laut Schulze (2011: 269), Sorman (2003: 17) und Manfred Pittioni (o.J.: 1) eine Historiographie des späten 19. Jahrhunderts. Sorman geht davon aus, dass Bonaparte in jedem Fall das damalige Osmanische Ägypten aufgeweckt habe und dies der erste Schritt zu grundlegenden Veränderungen gewesen sei (Sorman 2003: 16). Wird das Reich als am Boden liegend und erstarrt beschrieben, erscheinen die Reformen nach europäischem Vorbild viel wirkmächtiger, als sie es vielleicht waren. Die Geschichtsschreibung der Kolonialmächte des 19. Jahrhunderts zeichnete ein pessimistisches Bild, insbesondere von der wirtschaftlichen Situation. Gerade die neuere Forschungsliteratur zu diesem Thema zeigt, dass es eine kulturelle und politische Stagnation und Selbstbezogenheit gab, während die wirtschaftlichen Strukturen noch einigermaßen funktionierten, wenngleich sie auch überholt waren. So kamen die Reformen vielmehr zum richtigen Zeitpunkt. Jedoch treffen sich alle Studien in der Einschätzung, dass die politischen und gesellschaftlichen Strukturen, gemessen an den Entwicklungen in Europa, reformbedürftig waren. Für weitere Literatur zu den Entwicklungen im Osmanischen Reich im 19. Jahrhundert in arabischen Ländern, vgl. Rogan (2012), Cleveland & Bunton (2013) und Lewis (1987).

Eigenständigkeit mit Maßnahmen zu begegnen, kamen zu spät: Die Stärkung des Osmanismus oder Panislamismus war zum Scheitern verurteilt (Büttner 1971: 15). Spätestens mit der Eroberung Ägyptens 1798 war die Selbstgewissheit und die Selbstverständlichkeit, dass das vom Islam getragene System das überlegenere sei, vorbei: Dieser Glaube wurzelte in der islamischen Tradition, dass die gottgewollte und gottgeschaffene staatlich- religiöse Ordnung die bessere und somit letztlich allem gewachsene sei (Büttner 1971: 7). Tatsächlich hatte die osmanische Armee der Überlegenheit der europäischen Invasoren nicht standhalten können, um nicht zu sagen, nichts entgegenzusetzen. Daher wankte die Konstruktion der staatlich-religiösen Identität und Legitimität.

Als die napoleonische Invasionsarmee am 1. Juli 1798 Alexandria angriff und in wenigen Stunden nach Kairo weiterzog und die Stadt einnahm, war die Reiterarmee der Mameluken untauglich geworden und unterlag. Dies bedeutete nicht nur den Beginn des kolonialen Jahrhunderts in Nordafrika, sondern einen wahrhaftigen Kulturschock (Eugene Rogan 2012: 89): Wie konnte ein so kleines Land einfach so das Herzstück des Osmanischen Imperiums einnehmen? Selbst wenn Napoleon seine Truppen und die mitreisenden Wissenschaftler nach drei Jahren wieder abzog, war nichts mehr wie vorher. Die militärische Unterlegenheit war die eine Seite; noch bitterer war die Erkenntnis, dass dies auch Folge der Inadäquatheit des Stands in einigen Wissenschaften war, insbesondere moderner Kriegs- und Waffentechnologien, Naturwissenschaften und Ingenieurwissenschaften. Muhammad Ali, den die kriegerischen Auseinandersetzungen an die Macht brachten, fand auf diese Frage für sich eine klare Antwort: Er hatte begriffen, dass diese Franzosen offensichtlich Kriegswissen, und vor allem Kriegstechnik sowie andere Fertigkeiten besaßen, ohne die ein moderner Staat nicht überleben könnte. Und genau das wollte er auch haben, das Wissen der Wissenschaften, das Know-how der Invasoren. Sorman (2003) sagt ihm nach, dass er geglaubt habe, der Westen habe ein „großes Geheimnis“, welches ihm erlaube, die Natur zu beherrschen und seine Domination auszudehnen. Daher habe er dem Leiter der Studienmission aufgetragen, er möge die „Goldklumpen des Wissens, losgelöst von christlichen Verkrustungen“ suchen und nach Hause bringen, jedoch ohne „le dout“, das kritische Hinterfragen von Dingen, gepaart mit der Freiheit der Diskussion. (Sorman 2003: 18): Deshalb lautete der arabische Titel des *Paris-Berichts*

„*Die Läuterung des Goldes*".[25] Eine Reform der Ausbildungsstätten war notwendig. Bis zu diesem Zeitpunkt waren zumeist religiöse Institutionen für die Ausbildung zuständig. Wenige waren dabei aufgeschlossen und hatten gelegentlich modernere Inhalte gelehrt. Daher wollte Mohammad Ali seine Macht nicht auf diese Lehr- und Ausbildungsinstitutionen stützen und nahm einen Kurswechsel vor: Das Wissen wurde nun nicht mehr aus der Religion generiert, sondern sollte – natürlich ohne Religion – im Kern für neue Schulen und Lehrstätten aus dem Westen importiert werden. Das war die Geburtsstunde der Studienmissionen, von denen jene nach Paris die bekannteste wurde, weil aṭ-Ṭahṭāwī sie in seiner Beschreibung berühmt machte.

Wer war nun Muhammad Ali?[26] Er war Tabakhändler aus Kavalla und Angehöriger einer Einheit lokaler Hilfstruppen der Osmanen. In Ägypten machte er dann im Grunde auch nichts anderes: Er führte den Staat als Wirtschaftsunternehmen und wurde unter Sultan Maḥmūd oberster Kriegsherr in Ägypten (Schölch 2004: 369). In dieser Rolle war er beauftragt, die Provinz Ägypten während des Rückzugs der Franzosen wieder unter Kontrolle zu bringen. Dabei hatte er noch direkten Kontakt zur französischen Besatzungsmacht. Somit hatte er unmittelbar erlebt, wie das französische Heer, einschließlich der Marine, aufgestellt war und welche Strukturen es hatte. Und obgleich die französischen Truppen aus Ägypten vertrieben wurden, hatten sie einen nachhaltigen Eindruck bei ihm hinterlassen. Er hatte schnell begriffen, dass ohne entschlossene Reformen in fast allen Bereichen die Macht nicht würde restauriert und die Stärke gegenüber den Invasoren nicht würde wiederhergestellt werden können. 1805 übernahm er die Macht in Ägypten als Gouverneur, als *wālī*, formal Stellvertreter des Sultans, de facto jedoch fast unabhängiger Herrscher (Büttner 1971: 177). Er war ehrgeizig und rücksichtslos in seinem

25 Zum Titel vgl. Kapitel 3.3.

26 Oft wurde er *Muhammad Ali Pasha* genannt. *Pasha* ist ein osmanischer Ehrentitel. Muhammad Ali bekam 1845 den Titel *Khedive* vom osmanischen Sultan verliehen. Dies bedeutet, dass er „Vize-König" war und de facto Macht über Ägypten hatte. Davor war er *wālī* (arab.), das für Gouverneur oder Landesherrscher steht. Der Unterschied zu *Khedive* ist, dass das arabische *wālī* auf die Stellvertretungsfunktion abhebt, während der Titel *Khedive* mehr Eigenständigkeit und Macht bedeutete. Da es für die vorliegende Studie keine besondere Relevanz hat, wird der Titel weggelassen.

Drang, ein völlig neues Ägypten zu schaffen: Er baute zuerst den Staat um, entmachtete die Mamluken, die das Sagen im Militär hatten und von denen viele Nutznießer des Steuerpachtsystems geworden waren. De facto waren sie Grundbesitzer, die vom Staat wie ein stehendes Heer ausgehalten wurden und noch dazu Steuern einnahmen (Steuerpacht). Dieses System schaffte er ab und entzog ihnen ihre wichtigste Einnahmequelle. Die Mamluken leisteten Widerstand, auch weil ihnen Muhammad Ali nach Abzug der Franzosen nicht mehr gestattete, wieder auf ihre alten Positionen zurückzukehren. Muhammad Ali kämpfte ihren Widerstand blutig nieder. „Den Schlußpunkt bildete das legendäre Mamluken-Massaker in der Zitadelle von Kairo im Jahre 1811. Dann begann er 1815 mit dem Aufbau einer neuen Armee nach ‚französischem Muster'" (Schölch 2004: 369). Muhammad Ali hatte ein völlig anderes Rekrutierungssystem aufgebaut, denn er wollte Soldaten, die ihm ganz ergeben und loyal waren, und die er dann mit der Zeit auch würde „belohnen" können. Dazu brauchte er Mittel. Er schaffte auch die Steuerpacht für die *waqf*-Ländereien und *waqf*-Gewerbebetriebe[27] ab. Damit hatte er den Klerus, d.i. die muslimischen Würdenträger (Imame) und Religionsgelehrten, die Mamluken sowie die städtischen Notabeln entmachtet und die Steuern zentralisiert. Gleichzeitig baute er die landwirtschaftliche Infrastruktur aus, vor allem durch Bewässerungskanäle:

> New infrastructure projects extended irrigation through the Nile Delta; peasants were now compelled to grow long-staple cotton for export to Europe, as well as their food grains. This innovative agrarian regime was enforced, against considerable peasant flight and resistance, by coercion, forced labour and Agricultural Codes which strictly regulated peasants' activity. Mehmed Ali attempted to monopolise all sales of produce to foreign merchants, interposing himself between the new coercive regime he had created and the world market. (Hill 2019: 48)

27 *waqf* ist der Name für die religiösen und gemeinnützigen Stiftungen, die einer muslimischen Gemeinde oder dem *waqf*-Amt (später *waqf*-Ministerium) gestiftet werden. Das können Gelder sein, aber auch Ländereien oder Bewässerungskanäle etc. Die Moscheegemeinden, vor allem deren Personal, wie Imame, Religionsgelehrte, aber auch in den Sozialwerken Tätige, lebten vom Ertrag dieser Stiftungen.

Ab 1821 konnte er schließlich den Grundstein für die ägyptischen Baumwollmonokulturen legen (Schölch 2004: 370). Afaf Lutfi al-Sayyed Marsot (2002) schreibt über den Preis, den diese Bildungsreformen gekostet haben:

> The population at large, male or female, were treated as subjects not as citizens by the administrators who had not yet made the difference between the two. One could say that many countries at that time also treated their population similarly [...] While education loomed large in the reforms carried out by Muhammad Ali, we must remember that education was in the service of the state, not an end in itself or for the education of the population at large. (2002: 8)

3.2 Biografie aṭ-Ṭahṭāwīs

Aṭ-Ṭahṭāwī wurde am 14. Oktober 1801 in Ṭahṭā, einer kleinen Marktstadt zwischen Asyūṭ und Sohāǧ, als einziges Kind in eine wohlhabende Gelehrtenfamilie hineingeboren. Die Genealogie seiner in Oberägypten weit verzweigten Familie, so betont er selbst, sei auf die Abstammung des Propheten Muhammad zurückzuführen. James Heyworth-Dunne (1939: 961; ebenso Newman 2011: 11; Stowasser 1966: 13) führt seine Genealogie väterlicherseits auf Fāṭima, die Tochter des Propheten Muhammad, zurück. Die Mutter geht aus einer Familie der *Anṣār*, der „Helfer“ hervor, einer Gruppe aus Medina, die den Propheten unterstützte, als er aus Mekka ausgezogen war. Aṭ-Ṭahṭāwī gehörte somit in seiner Heimatstadt zur religiösen Aristokratie, zum muslimischen Erbadel eines weit verzweigten Clans in Oberägypten. Jedenfalls ist diese Herkunft der Familie ein zentrales Identitätsmerkmal und bedeutsam für das Selbstverständnis der Familie, der er angehörte und in der er aufwuchs. Mütterlicherseits waren Onkel Richter oder Religionsgelehrte, sein Großvater war Imam in der Moschee in Ṭahṭā, wo aṭ-Ṭahṭāwī später immer wieder unterrichtete. Insbesondere im ländlichen Bereich zu einer solchen Scherifen-Familie[28] zu gehören, bedeutete Ansehen, Status und in der Regel Wohlstand.

28 *šarīf* bezeichnet eine Person mit einer Abstammung, die auf die Prophetenfamilie zurückgeht.

Letzteres änderte sich allerdings buchstäblich von einem Tag auf den anderen durch die Politik Muhammad Alis: Denn dieser schaffte 1812 die Steuerpacht, *iltizām*, ab, die für Generationen die Grundlage des Wohlstandes der Familie aṭ-Ṭahṭāwīs gebildet hatte. Muhammad Ali brauchte Unmengen an Staatsgeld, um seine ehrgeizigen Reformen in Wirtschaft und Militär finanzieren zu können, und er brauchte Menschen, die seine Politik unterstützten (und auch dazu brauchte er Geld oder Land, das er „Unterstützern" schenken konnte). Deshalb war ihm die Steuerpacht ein Dorn im Auge, weil *iltizām* bedeutete, dass das staatliche Recht auf Steuereinnahmen an Dritte verliehen wurde: Der osmanische Staat gab das Recht aus, auf bestimmte Güter, Waren oder Landwirtschaftserzeugnisse Steuern (oder Pacht) einzutreiben, die er festsetzte und die an ihn abgeführt werden mussten. Wenn aus den Überlassungen der Betreffende mehr erwirtschaftete oder eine höhere Steuer einnahm, durfte der Überhang behalten werden. Mit der Zeit wurde aus der Steuerpacht ungeschriebenes Eigentumsrecht, das eine ganze Schicht von reichen Nutznießern hervorgebracht hatte, vor allem mamlukische Familien, deren Macht er im Rahmen seiner Heeresreformen, v.a. der Schaffung der „new model army", beschneiden wollte. Deshalb handelte er zugunsten einer strengen Zentralisierung aller Steuerabgaben und schaffte das *iltizām*-System ab (Hill 2019: 48). Familien, die von der Steuerpacht lebten, verarmten – wie die Familie aṭ-Ṭahṭāwīs. Schölch fasst die Umstellung wie folgt zusammen:

> Im Wege der Beseitigung des Systems der Steuerpacht und der Konfiszierung eines großen Teils des waqf-Landes entzog Muhammad Ali nicht nur den entmachteten Mamluken, sondern auch den städtischen Notabeln die wirtschaftliche Grundlage. Ägypten wurde zu einer Art riesiger Staatsdomäne unter der Leitung des neuen Herrschers. (2004: 370)

In Oberägypten gab es keine Kompensation. Aṭ-Ṭahṭāwīs Vater wurde über Nacht mittellos.[29] Seine Kindheit endete jäh. Mit elf Jahren erlebte der Jun-

29 Es ist nicht klar, warum es den Vater so direkt betroffen hat, die erweiterte Familie aber weniger. (Gran 2002: 1). Ein Grund könnte darin bestehen, dass die anderen Familienmitglieder bezahlten Berufen nachgingen und ihr Einkommen nicht ausschließlich über Steuerpacht verdienten.

ge die wirtschaftliche Not seiner Familie, die auf das Wohlwollen und die Gastfreundschaft ihrer Verwandten angewiesen war. Die Erfahrung der Hilflosigkeit, des Verlustes an Geldmitteln, Wohlstand und Ansehen haben ihn geprägt. Früh erfuhr er was es heißt, abhängig zu sein. Um ihm sein Studium an der Azhar zu ermöglichen, habe seine Mutter ihren Schmuck und das Wenige an persönlichem Besitz verkauft (Heyworth-Dunne 1939: 962). Auch im *Paris-Bericht* sind Lebenshaltungskosten für ihn immer wieder ein Thema. Sorgen um die wirtschaftliche Existenz prägten sein Leben, bis er seine erste gut dotierte Stelle an der School of Medicine in der Nähe von Kairo antreten konnte (Newman 2011: 43).

Nach dem Tod seines Vaters verließ er 1817 mit seiner Mutter den Süden, um an der Azhar zu studieren. Dabei hatte er inzwischen den gesamten Koran auswendig gelernt und – mit seinen Onkeln, den Religionsgelehrten – angefangen, einige der Texte zu lesen, die dort gelehrt wurden. Er schien sich anfangs in Kairo und im Studiensystem sehr schwer zu tun (Heyworth-Dunne 1939: 961), was die Vermutung nahelegt, dass er doch noch jung für ein so stringentes Lehr- und Lebenssystem war: Jedenfalls kehrte er immer wieder nach Ṭahṭā zurück oder gab in Mallawī in der Yusufi-Moschee Jüngeren Unterricht. „When he finally made up his mind to take up his studies seriously, he made rapid progress under the best teachers of his age" (ibid). Er absolvierte die klassischen Ausbildungsfächer, einschließlich der Ausbildung im Arabischen: Er las die arabischen Grammatiker sowie die Literatur zur Rhetorik. Während dieser Zeit hatte al-ʻAṭṭār den bleibendsten Einfluss auf ihn. Nicht nur erkannte dieser seine Begabung und seinen Wissensdurst, sondern förderte auch seine Neigung zur Poesie, die er selbst ausgiebig las, und zur Geschichte und Geografie. In beidem war er sein Lehrer und Förderer. Dabei war al-ʻAṭṭār, den Muhammad Ali zum Widerwillen der dortigen Azharis zum Rektor ernannt hatte, nicht unumstritten: Er galt als „Modernist", als „Vertreter der neuen Welle" (Stowasser 1966: 14), der die Reformpolitik Muhammad Alis unterstützte. In der Azhar und an den neu gegründeten Schulen betonte er immer wieder, dass die Reformen Muhammad Alis im Erziehungswesen nicht gegen den Islam verstießen oder gar islamfeindlich seien (ibid: 326, Anm. 44). Er weckte das Interesse aṭ-Ṭahṭāwīs für neue Themen, denn er unterrichtete ihn – abweichend vom Curriculum an der Azhar[30] – in Geschichte, Geografie und Dichtkunst und las *adab*-Literatur[31] mit ihm. 1821 begann er selbst an der Azhar und auch an der Moschee seines Großvaters zu unterrichten: „His specialities appear to have been ḥadīth, logic, rhetoric, poetics, and prosody and he soon became quite a popular teacher, even with men who were his seniors in years“ (ibid: 962). Diese Fächer, die er gerne wählte, deuten bereits sein Interesse und sein spezialisiertes Können an. Kenntnisse des *ḥadīṯ* breitet er immer wieder im *Paris-Bericht* aus, stützt seine Aussagen auf dortige Aussprüche des Propheten oder dessen Anhänger. Es hat ihm strategisch sicher nicht geschadet, wenn er mit seinem Lehrer al-Faḍḍālī al-Buḫārī[32] (ibid: 962) intensiv studierte, wobei er sich generell aus den späteren internen Diskussionen an der Azhar herausgehalten hat.

> However, life for a young scholar like Rifa'a, as he was now known, was not exactly a bed of roses, not least because of the paltry salary. In order to supplement his meagre income and support his mother, he was compelled, like so many of his colleagues, to seek remunerated employment elsewhere. (Newman 2011: 35)

Auf Vermittlung von al-'Aṭṭār erhielt er eine Stelle bei einer Schule für neu aufgestellte Regimenter. Dort unterrichtete er – für ihn ein Brotberuf, den er annehmen musste, denn diese Stelle bedeutete wenig Ansehen und kein Prestige. Wieder einmal bestimmte seine ökonomische Lage, seine Armut, seine Lebensumstände.

30 Zu den Studienabschnitten an der Azhar bis ein Schüler eine *iǧāza* erhalten konnte, vgl. Lohlker (2011).

31 Vgl. Kapitel 4.5.

32 *Ṣaḥīḥ al-Buḫārī* (gest. 870) ist der geläufige Name einer Sammlung von Hadithen. Mit dem Koran und der Sunna gehört diese Sammlung zu den sechs der kanonischen Hadith-Sammlungen. Im sunnitischen Islam genießt diese Sammlung weithin Autorität. Unter *ḥadīṯ* wird Literatur verstanden, die dem Propheten Muhammad (oder seinen engsten Gefährten) zugeschriebene Aussprüche und Handlungen sowie Berichte aus seinem Leben, aufgezeichnet hat.

Das änderte sich schlagartig, als er – wieder durch Vermittlung al-ʻAṭṭārs – für die Teilnahme an der Studienmission nach Paris nominiert wurde. Er sollte als Seelsorger die Studierenden auf dem rechten religiösen Weg begleiten und als Imam das Gebet leiten (Tamimi 2007: 42). 1826 verließ er mit einer Gruppe von 40 Stipendiaten und 3 Imamen Kairo. Von Anfang an lernte er mit den Stipendiaten – zusätzlich zu seiner eigentlichen Aufgabe. Er nahm mit der Gruppe bereits in Marseille am Französischunterricht teil und in Paris erhielt er die Erlaubnis, im Fach Übersetzen ausgebildet zu werden. Jedoch auch in Paris bedrückte ihn seine wirtschaftliche Situation und die soziale Ungleichheit im Ägypten Muhammad Alis insgesamt:

> Tahtawi earned 250 piasters a month, a fellow student Mahr Dar Abdi Shukri Effendi earned 2500 piasters a month, although Tahtawi was the best of all the students in French language skills and in overall productivity as a translator. (Gran 2002: 6)[33]

Er kehrte im Frühjahr 1831 mit großen Hoffnungen auf eine endlich angemessene gute Stelle nach Kairo zurück, denn er war immer der „Musterschüler" gewesen, der das Programm mit Bravour absolviert hatte. Und tatsächlich erhielt er eine Stelle als Übersetzer und Lektor für Französisch an der School of Medicine in Abū Zaʻbal[34], nordöstlich von Kairo. Hier arbeitete er mit namhaften Kollegen zusammen, die zu Beginn der neuen Übersetzungsbewegung bereits wissenschaftliche medizinische Texte aus Europa übersetzt hatten und somit die Pioniere waren: sie übersetzten Leitfäden und Handbücher (Manuals) sowie Lehrbücher für die medizinische Ausbildung ihrer Schüler.[35] Newman (2011: 43) legt dar, dass aṭ-Ṭahṭāwī endlich auch ein gutes Gehalt bezog, denn er verdiente nun fünf Mal mehr als ein Scheich an der Azhar. Das Gehalt und eine gewisse berufliche Sicherheit erlaubten es ihm zu heiraten und

33 Vgl. ebenso Stowasser (1966: 328).

34 Dort war das erste große nach europäischem Modell strukturierte Hospital, gegründet und geleitet u. a. auch von dem französischen Arzt Antoine-Barthélémy Clot (-Bey), vgl. Newman (2011: 40).

35 Zu den einzelnen Übersetzern im Kollegium und deren Arbeiten, vgl. Newman (2011: 41 ff.).

eine Familie zu gründen: Traditionell heiratete er eine Cousine seines Onkels, Scheich Muhammad al-Anṣāri, der stellvertretender Rektor an der Azhar war (ibid). Damit war er mit dem „System al-Azhar" wieder verbunden, wenngleich es dort weiterhin viele Gelehrte gab, die ihm und den „neuen Ideen aus Frankreich" misstrauisch gegenüberstanden.

1833 wurde er südlich von Kairo an die Militärschule (School of Artillery) nach Ṭura versetzt. Dort löste er den bisherigen Chefübersetzer, den französischen Orientalisten Mathieu Auguste Koenig, ab (ibid).[36] Er sollte sowohl als Übersetzer als auch als Revisor arbeiten. Im zweiten Jahr in dieser Position änderte sich sein Bekanntheitsgrad grundlegend. Er publizierte den *Paris-Bericht* (*Taḫlīṣ al-ibrīz fī talḫīṣ bārīz)* und wurde schlagartig berühmt. Muhammad Ali war begeistert, denn schließlich zeigte der Bericht sein Bemühen um die Modernisierung des Landes und wie richtig und wichtig seine Entscheidung gewesen war, eine junge Elite in Frankreich ausbilden zu lassen. Muhammad Ali ordnete an, dass das Werk ins Türkische, die Muttersprache der meisten Regierungsangestellten, übersetzt werden sollte und ließ es, nachdem es 1839 in türkischer Übersetzung im Būlāq Verlag erschienen war, als eine Art „Pflichtlektüre" an alle Verwaltungsbeamten verteilen. Muhammad Ali beschenkte aṭ-Ṭahṭāwī reichlich und beförderte ihn (ibid: 46), so begeistert war er von diesem Bericht aus Paris.

Nachdem 1834 in Alexandria die Pest ausgebrochen war und sich schnell in ganz Ägypten ausbreitete, verließ aṭ-Ṭahṭāwī seine Arbeitsstelle – ohne Genehmigung – und lebte sechs Monate lang in seiner Heimatstadt Ṭahṭā (Heyworth-Dunne 1939: 965; Newman 2011: 45). Er kehrte seinem Brotberuf den Rücken und übersetzte oder überarbeitete Texte, die ihn persönlich interessierten. In diesem „Sabbatical" stellte er die bereits in Paris begonnene Übersetzung von Malte-Bruns Werk zur Geografie fertig bzw. übersetzte weitere Bände des Werkes *Précis de Géographie Universelle.*[37] Nach seiner Rückkehr präsentierte er diese Übersetzung Muhammad Ali, der ihn erneut beförder-

36 Koenig arbeitete als Französischlehrer und Übersetzer. Er übersetzte Werke zur Militärstrategie ins Arabische und fiel dadurch Muhammad Ali auf, der ihn bat, seine Kinder zu unterrichten. Er übernahm später eine Stelle als Leiter des Übersetzungsbüros im Außenministerium (Newman 2011: 43).

37 Vgl. die Tabelle der Übersetzungen in Kapitel 4.2.

te und ihm einen noch höheren Titel verlieh (Heyworth-Dunne 1939: 965). 1836 wurde er im Rahmen einer Umstrukturierung der Schulverwaltung als ständiges Mitglied im Rat, der obersten Schulkommission, aufgenommen. Dies war außergewöhnlich, denn bisher waren in diesem Gremium entweder osmanische Beamte oder Franzosen. Aṭ-Ṭahṭāwī war der erste Ägypter, der in dieses Gremium berufen wurde, das entscheidenden Einfluss im Hinblick auf die Ausbildungsreformen ausüben konnte. Er wurde auch deshalb ernannt, weil die französischen Ratsmitglieder seine Ernennung befürworteten. In ihnen hatte er Fürsprecher (Heyworth-Dunne 1939: 965), denn sie sahen ihn als ihren Brückenkopf.

Aufgrund von Unstimmigkeiten mit seinem Stellvertreter an der School of Artillery wurde für ihn eine Stelle als Bibliothekar an der Bibliothek Qaṣr al-'Aini geschaffen, die aṭ-Ṭahṭāwī gerne annahm. Newman schreibt, er habe dort ein Konzeptpapier verfasst, in dem er seine Gedanken zur Ausbildung und zur Sprachausbildung im Besonderen aufgeschrieben habe. Kernpunkt sei die Forderung nach Etablierung einer Schule für Sprachen und Übersetzen gewesen, der Muhammad Ali zugestimmt und ihm den Auftrag zur Gründung gegeben habe (Newman 2011: 46). Im Juni 1836 wurde eine School of Translation eröffnet, deren Leitung aṭ-Ṭahṭāwī im Januar 1837 als Direktor antrat, wobei ihr Name in Sprachenschule[38], *madrasat al-alsun,* umbenannt wurde (Heyworth-Dunne 1939: 965): Dennoch war eine Abteilung nur damit betraut, alle staatlichen Übersetzungen zu koordinieren. Diese Sprachenschule ist die Vorläuferinstitution der heutigen Sprachenfakultät an der Universität 'Ayn Shams in Kairo. Die Schule war schnell sehr erfolgreich, sodass Muhammad Ali 1844 aṭ-Ṭahṭāwī mit dem Titel *kāimmakām*[39] auszeichnete. Zwei Jahre später erhielt er dann den Titel *bey* – und wurde mit *Rifā'a-bey* angesprochen – somit hatte er das Maximum der gesellschaftlich möglichen Anerkennung erreicht und war zudem ein sehr wohlhabender Mann, der Land, Immobilien

38 Zur Sprachenschule, vgl. Kapitel 4.3.

39 Dieser Titel war eine hohe Auszeichnung im osmanischen Reich. Er besteht aus zwei arabischen Wörtern, die zusammengefügt sind und „aufrecht an einem Ort/einer Stelle stehend" bedeuten. Es dreht sich um eine Person, der innerhalb der Verwaltung hohes Vertrauen und auch Ermessensspielräume zugesprochen werden.

und Geld besaß. Fortan gehörte er wieder dazu, zum „Establishment“, zur gesellschaftlichen Elite.

Dies hat ihn jedoch nicht geschützt, denn als Muhammad Ali 1848 krank wurde, und sein Sohn Ibrāhīm noch vor ihm starb, übernahm sein Enkel ‘Abbās die Funktion des wālī. Als 1849 Muhammad Ali starb, nahm ‘Abbās einige Reformen zurück, unter anderem schloss er die Sprachenschule. Die „Europäisierung“ Ägyptens ging ihm zu schnell. Er ließ mehrere von den Franzosen geführte Institutionen schließen, darunter auch die als Modellschule geltende *École Polytechnique* (Louca 2002: 67). Die Sympathie aṭ-Ṭahṭāwīs für die konstitutionelle Monarchie und seine Bedenken gegenüber der absoluten Macht eines Königs oder Herrschers, haben ‘Abbās sehr wahrscheinlich nicht gefallen. Auch deshalb wurde aṭ-Ṭahṭāwī von seinem neuen Dienstherrn an eine Grundschule nach Khartum im Sudan versetzt, die er für Kinder ägyptischer Entsandter aufbauen sollte. Khartum galt zu jener Zeit als eine Stadt in einer Sumpflandschaft voller Krankheitserreger, ein gefürchteter Ort, wo viele Exilierte an Epidemien starben. Dieses Kapitel erscheint in der Literatur als „The Second Exile“ (1850–1854).[40]

> The irony of history is such that the last endeavour in this most fertile period of al-Ṭahṭāwī’s life was the revision of the Takhlīṣ, the book that had brought him fame and recognition. The second edition appeared in 1849, just a few months before the death of his benefactor. (Newman 2011: 53)

Aṭ-Ṭahṭāwī ersuchte mehrfach darum, wieder nach Kairo zurückkehren zu dürfen, was ihm aber bis nach ‘Abbās’ Ermordung am 14. Juli 1854 verwehrt wurde. Abbas’ Nachfolger holte aṭ-Ṭahṭāwī nach Kairo zurück, wo er fortan von 1854–73 in unterschiedlichen Positionen als Direktor für die Reformen im Erziehungswesen arbeitete. Er wurde zudem wieder zum Schulinspektor ernannt und kümmerte sich sehr um die Qualität und den Standard in den Schulen. Die Sprachenschule in Ezbekiyya wurde zu seinen Lebzeiten nicht wieder geöffnet. Er führte sein Konzept jedoch an einer anderen Sprachenschule, am

40 Als das erste Exil wird die Abreise und Übersiedlung von Ṭahṭā nach Kairo beschrieben.

„Translation Department der Verwaltungsschule“ weiter, wo er Französisch lehrte, übersetzte und sehr viel als Revisor und Korrektor arbeitete. Dabei wurde er mehr und mehr von seinen Schülern unterstützt. Diesen Tätigkeiten ging er bis zu seinem Tode 1873 nach.

3.3 Taḫlīṣ al-ibrīz fī talḫīṣ bārīz

Für die Untersuchung der Translationskultur in Ägypten in den 30er Jahren des 19. Jahrhunderts wird der Bericht, den der Imam, Gelehrte, Übersetzer und Essayist aṭ-Ṭahṭāwī 1834 in Kairo im Verlag *Būlāq* herausgegeben hat, als wichtige Grundlage herangezogen. Die zu analysierenden Texte umfassen zwei arabische Ausgaben des Autors sowie vier Übersetzungen, die sich wiederum auf diese beiden Ausgaben[41] stützen. Im Folgenden werden die arabischen Textfassungen sowie die benutzten Übersetzungen beschrieben.

3.3.1 Die arabischen Textfassungen

Taḫlīṣ al-ibrīz fī talḫīṣ bārīz[42], übersetzt „Die Läuterung des Goldes in einer zusammenfassenden Darstellung von Paris“, liegt in mehreren arabischen Fassungen vor. Insgesamt hat der Text sechs Ausgaben: Die erste und originellste Ausgabe ist aus dem Jahre 1834. Sie ist so authentisch, weil sie Skizzen, Überlegungen und Reisebeschreibungen enthält, die aṭ-Ṭahṭāwī während der 32 Tage dauernden Überfahrt von Alexandria nach Paris notiert hat, sowie während der fünf Jahre in Paris. Die endgültige Zusammenstellung in Vorwort, Abhandlungen und Kapiteln nahm er allerdings erst in Kairo, nach seiner Rückkehr, vor. Im Todesjahr Muhammad Alis 1849, brachte aṭ-Ṭahṭāwī seine zweite, überarbeitete Ausgabe heraus, die 1905 erneut und unverändert aufgelegt wurde. Anlässlich seines 85. Todestages wurde in Kairo 1958 eine vierte Fassung herausgegeben, an der auch Louca beteiligt war. Diese Auflage

41 Stowasser (1988), Louca (1988) und Newman (2011) haben die Ausgabe aus dem Jahr 1958 ebenfalls konsultiert. Die Ausgangstexte für ihre Übersetzungen waren jedoch die erste Fassung aus dem Jahr 1834 (Stowasser, Newman) oder aus dem Jahr 1849 (Louca).

42 Zur programmatischen Aussage des Titels, vgl. Kapitel 3.3.3.

ist sowohl inhaltlich als auch sprachlich überarbeitet worden. Bekannt sind weiterhin zwei Nachdrucke in Beirut 1973 und Kairo 1975 (Louca 1988: 33). 1993 wurde die Textfassung von 1834 in einer Gesamtausgabe in Kairo erneut gedruckt.

Abb. 1: Chronologische Übersicht der arabischen Textfassungen.
Quelle: Darstellung der Verfasserin

3.3.2 Die Übersetzungen

Diese Arbeit beruht auf vier Übersetzungen des *Taḫlīṣ al-ibrīz* oder des *Paris-Berichts*. Karl Stowasser hat 1966 die erste deutsche Übersetzung als Dissertationsarbeit mit einem umfangreichen Apparat vorgelegt. Diese Arbeit wurde von dem Herausgeber des berühmten Arabisch-Deutschen Lexikons, dem Arabisten Hans Wehr, betreut. Karl Stowasser hatte ein besonderes sprachhistorisches Interesse am *Paris-Bericht* (Stowasser 1966: 26 ff.), denn das von aṭ-Ṭahṭāwī geschriebene Arabisch ist eine originelle Mischung aus dem *adab*-Stil des Gelehrten, neuen Wortschöpfungen und Sprachimporten aus der ägyptischen Umgangssprache. Sein Ziel war es, dass sein Text einem breiteren Publikum verständlich sein solle, daher hat aṭ-Ṭahṭāwī die Sprache aus dem klassischen Gelehrtenstil herausgeschält, durch neue Termini bereichert und modernisiert. Gleichzeitig war dieser Text für Stowasser ein „Dokument des arabischen Modernismus aus dem frühen 19. Jahrhundert", so sein Untertitel. Er lässt dabei einige für ihn unwichtige Textteile, z. B. einen Leitfaden zur Hygiene oder Dichtungen, die seines Erachtens im klassischen Schreibstil als „Verzierungen" gedacht waren, weg.

Das ändert er auch nicht in der etwa 20 Jahre später erschienenen Übersetzung unter dem Titel *Ein Muslim entdeckt Europa. Rifāʿa aṭ-Ṭahṭāwī. Bericht über seinen Aufenthalt in Paris 1826–1831.* Es geht Stowasser bei der zweiten Übersetzung darum, ein breiteres Publikum zu erreichen. Daher hat er die Sprache vereinfacht oder flüssiger formuliert, sodass die manchmal etwas barock oder umständlich anmutenden Formulierungen den Lesefluss nicht stören.

1988 legte Anouar Louca die erste französische Übersetzung vor: *Tahtāwī. L'Or de Paris. Relation de Voyage 1826–1831*. Louca, ein ägyptischer Kopte aus Mallawī, Oberägypten, hat die Übersetzung bereits 1957, anlässlich des Jahrestages, angefertigt, fand jedoch keinen Verlag, der das Buch hätte publizieren wollen (Sorman: 19). Louca hat alle Bestandteile des *Taḫlīṣ al-ibrīz* vollständig übersetzt, auf der Grundlage der zweiten Fassung, die aṭ-Ṭahṭāwī überarbeitet, ergänzt und 1849 gedruckt hat. 2012 brachte der Verlag Sindbad eine unveränderte Neuauflage heraus.

Daniel L. Newman, Arabist und Lektor für arabisch-englische Translation, hat den Text 2004 übersetzt und 2011 eine Neuauflage herausgegeben, beide auf der Grundlage des Originals aus dem Jahre 1834[43]: *Rifā'a aṭ-Ṭahṭāwī. An Imam in Paris. Account of a Stay in France by an Egyptian Cleric (1826–1831)*. Seine Recherchen zielen – wie bei Stowasser – auf die sprachhistorischen Komponenten und historische Recherchen zu den politischen Vorgängen. Wie Louca hat er ein Interesse an der Textgattung „Reiseliteratur", denn aṭ-Ṭahṭāwī schrieb seinen Reisebericht nach arabischen Vorbildern, von denen er Strukturen und Aufbau übernahm.

Die Übersetzungen basieren auf dem Originaltext der vom Autor selbst verfassten Ausgaben 1834 und 1849. Die Übersetzer beleuchten den arabischen Text aus je unterschiedlichen Perspektiven. Dieses breite Spektrum ist von Vorteil, wenn im Hauptteil insbesondere Informationen zu Hintergründen und zur Entstehung der Übersetzungsbewegung und der Translationskultur aus der Analyse des Textes erfolgt. Ebenso beschreibt aṭ-Ṭahṭāwī ausführlich die Studienmission, seine Ausbildung zum Übersetzer und seine Eindrücke in Paris, die dann wiederum Einfluss auf andere junge Studenten hatten, die er in Kairo unterrichtete und von denen einige als Übersetzer und später als Revisoren gearbeitet haben. Für die Arbeit ist der *Paris-Bericht* in diesen Varianten ein Dokument zur Nachzeichnung der historischen Umstände der Translationskultur in Ägypten nach 1835.

43 Und unter Einbezug der überarbeiteten zweiten Fassung.

3.3.3 Zur Programmatik des Titels

Taḫlīṣ al-ibrīz fī talḫīṣ bārīz ist in doppelter Hinsicht aussagekräftig: die „Läuterung", „*Taḫlīṣ"*, steht für die Reinigung des Goldes. Es bedeutet, dass das Gold, „*ibrīz"*, als solches versteckt unter Resten anderen Materials erkannt wird, von fremdem Material befreit wird, damit das Essentielle, das pure Gold bleibt. Dann erst erstrahlt das „Gold" von Paris in vollem Glanz.

L'or de Paris, wie Louca seine Übersetzung betitelte, ist demnach bereits eine Auswahl von und aus Vielem. Dies entspricht sowohl dem Selbstverständnis des Gelehrten aṭ-Ṭahṭāwī, der die moralische Unterweisung seines Publikums im Blick hat, als auch den Erwartungen der Leserinnen und Leser. Aṭ-Ṭahṭāwī wählt aus rational-moralischer Perspektive das aus, wovon er glaubt, dass es eine positive und überzeugende Wirkung auf sein (potentielles) Publikum haben würde, und erfüllte damit durchaus die Erwartungen an einen traditionellen Gelehrten, einen *adīb*. Die Position eines *adīb* beschreibt einen Habitus und Wertekanon, der aus dem humanistischen Anspruch von Bildung und Ethik im Islam entsteht. Diese Ethik prägt das Selbstverständnis aṭ-Ṭahṭāwīs, seine Eigenständigkeit in der Vermittlung von Wissen. Er kann nicht nur entscheiden und auswählen, es wird sogar von ihm erwartet. Dies erklärt, warum es kein Problem darstellte, dass er eine Auswahl von Realitäten beschrieben hat, nämlich genau jene, die er vermitteln wollte.

3.3.4 Zur Bedeutung des *Paris-Berichts*

Der *Paris-Bericht* ist ein kulturhistorisches Dokument. Lange Jahre hindurch war dieser Bericht für arabische Leserinnen und Leser die einzige Quelle[44] über Paris und „den Westen" (Stowasser 1966:xii; Louca 1988: 13). Als Reiseführer taugte der Bericht nicht, denn es fehlten Angaben zu Unterkünften, Restaurants, Sehenswürdigkeiten, Wegbeschreibungen, Serviceeinrichtungen für Reisende, Adressen o. ä. Er war nicht einmal eine wirkliche Reisebeschreibung[45], wenn man einmal den ersten Teil der Reise, von Kairo über Alexandria

44 Louca (1988: 13) erwähnt spätere Autoren, die ebenfalls Berichte über ihre Reisen geschrieben haben.

45 Reisebeschreibungen waren im 19. Jahrhundert sehr in Mode gekommen und stillten den Hunger nach Wissen und Neuem einer immer größer werdenden Leserschaft sowohl in Europa als auch in Ägypten. Vgl. Newman (2002).

und Marseille nach Paris ausnimmt. In dem Kapitel beschreibt aṭ-Ṭahṭāwī Orte, Essen, Sitten und Landschaften. Paris als Stadt beschreibt er so gut wie nie. Über die Seine, die Kanäle oder die Seine-Inseln erzählt er wenig, aber mit Gefühl, als beschreibe er den Nil und die Katarakte im Süden Ägyptens, d. h. er postuliert eine geografische Ähnlichkeit, wobei die Leserinnen und Leser diese Nähe als positives Element sehen sollten. Er beschreibt auch Gebäude, wie z. B. das Theater von Paris, das er aber wiederum als eine Institution betrachtet, in der das Publikum belehrt wird, ihm etwas gezeigt wird: dies sah er als nützlich an, denn damit könne auch die eigene Bevölkerung etwas Neues und Erbauliches lernen. Die Angaben über die hohen Preise und das nasskalte Wetter sind Hinweise darauf, dass er sich nicht so oft in der Stadt aufgehalten hat. Der Charme seiner Erzählungen und Beschreibungen liegt in der Art, wie er die Französinnen und Franzosen und ihre Lebensart gesehen hat. Offensichtlich hat er den Bericht über Paris aufgrund einer Bitte seines Lehrers und Mentors al-ʻAṭṭār geschrieben und wohl auch auf Ersuchen einiger Familienmitglieder (Louca 1988: 12). Er macht sich bereits in Paris viele Notizen und schreibt erste Entwürfe und Skizzen. Insbesondere beschreibt er die Revolution von 1830 sowie die Absetzung des Königs Charles X. Er begründet das so: „Ich bringe diese Abhandlung allein deshalb, weil diese Episode von den Franzosen zu ihren besten und berühmtesten Zeiten gezählt wird, ja für sie vielleicht ein historischer Meilenstein war“ (200). Spätestens als er nach Kairo zurückkehrt, wird ihm klar, welches „Gold“ er da in seinen Händen hält, dem er nur Gestalt geben und in jene für sich, seine Ziele und Visionen und seine Karriere passendste Form gießen muss.

Da er sein Publikum nicht nur beeindrucken, sondern auch von dem „Gold“ überzeugen wollte, wandte er auch durchaus moralisch-didaktische Vorgehensweisen an: Er wollte, dass die positiven Aspekte auch als solche verstanden würden, wenngleich sie fremd anmuteten. Auf diese Weise gelang ihm das Ungewöhnliche:

> […] dans ce halo d’humanisme général, à dominante morale et didactique, que surgit pour la première fois dans la littérature arabe l’image de Paris. […] la capitale française a droit de cité dans l’espace culturel

arabo-musulman, en tant que prototype de la civilisation occidentale. (Louca 1988: 20)

Dieses Vorgehen ist ein Grundprinzip der Arbeitsweise aṭ-Ṭahṭāwīs und gleichzeitig von großer Bedeutung für seine Arbeit als Übersetzer, worauf an anderer Stelle noch einzugehen sein wird. Dies war nicht unumstritten: Antoine Isaac Silvestre de Sacy, französischer Orientalist[46], der als erster das arabische Manuskript gelesen hat, warf ihm beispielsweise vor, er beurteile die Franzosen, indem er sie am Beispiel der Pariser beschreibe (Louca 1988: 19). Dem Erfolg des Buches in Kairo tat das allerdings keinen Abbruch: Paris war Frankreich, und Frankreich war der Westen: „Al-TahTāwī explains and translates Paris, and by implication the whole of France […]“ (Salama-Carr 2007: 218). Die Pointierungen und Hervorhebungen waren gewollt. Gran spricht hier von „utilitarian justification for what he [i.e. aṭ-Ṭahṭāwī d.Verf.] is writing“ (Gran 2002: 7).

Edward Said beschreibt in seinem Buch *Orientalism*, in dem er den europäischen Kulturimperialismus kritisiert, ein solches Vorgehen – allerdings für die Europäer: „Orientalism […] offenbart, auf welche Weise sich das Denken in den Dienst der Macht stellte, Schablonen wie ‚der Orient‘ und ‚der Westen‘ durchzusetzen“ (Said 1978: 2012). So hätte aṭ-Ṭahṭāwī demnach Okzidentalismus betrieben. Er hat wohl bewusst ein Bild von Paris und „den Franken“ gezeichnet, von dem er wollte, dass es positiv aufgenommen wird, damit es als Start für Veränderungen wirken konnte. Erstaunlich ist jedoch schon, dass im Abschnitt über Silvestre de Sacy und Ernest Renan (Said: 148–175) aṭ-Ṭahṭāwī nicht vorkommt.[47] Said kritisiert Silvestre de Sacy, weil dieser in seiner *Chrestomathie arabe* eine Auswahl gemacht, und so seine Sicht der arabischen Literatur niedergelegt habe. Auch durch die Entwicklung einer arabischen Fachterminologie müsse er sich kulturelle Aneignung vorwerfen lassen. Said kritisiert die Arbeit des Orientalisten Silvestre de Sacy wie folgt:

46 Antoine Isaac Silvestre de Sacy gilt als Begründer der modernen Arabistik, mit entscheidendem Einfluss auf die Entwicklung der Orientalistik in Frankreich. 1795 übernahm er den Lehrstuhl für Arabisch an der *École spéciale des langues orientales* in Paris, die später zum Modell für die Sprachenschule wurde, die aṭ-Ṭahṭāwī in Kairo gründete.

47 Aṭ-Ṭahṭāwī kommt in dem Buch *Orientalism* nicht vor.

> […] Die Konzeption des Orientalisten überlagert den Orient, und er zwingt ihm seine Grundsätze auf. *So wird das Ferne verfügbar, das in sich Ungefestigte pädagogisch nützlich, das Verlorene ein Gefundenes, obwohl dabei manches auf der Strecke blieb* […]. (Said: 155, kursiv v. Verf.)

Strukturell handelte aṭ-Ṭahṭāwī nicht anders und genau das war ein Grund für den Erfolg seines Buches.

3.3.5 Der Aufbau des Buches

Das Buch ist aufgeteilt in ein Vorwort, in dem aṭ-Ṭahṭāwī Ziel und Zweck der Studienmission schildert und erwähnt, dass sein Lehrer und Förderer al-ʻAṭṭār und die Familie ihn gebeten hätten, alles aufzuzeichnen. Er schreibt somit von Anfang an für ein ihm bekanntes Publikum, die Rezensentinnen und Rezensenten, Leserinnen und Leser sind immer dabei. In der Einleitung, die vier Kapitel umfasst, lobpreist er seinen Auftraggeber, Muhammad Ali, der ihm die Chance an dieser Studienmission teilzunehmen, geboten hat. Die Bedeutung dieser Mission für die Entwicklung der muslimischen Gemeinschaft macht er deutlich, indem er auf Vorbilder verweist:

> Die Weisheit gleicht dem verlorenen Herdentier des Gläubigen, welches er sucht, und sei es unter den Götzendienern, heißt es in der Überlieferung. Ptolemäus sagte: Aus dem Meer holt die Perlen, von der Ratte den Moschus, aus dem Gestein das Gold, und von dem die Weisheit, aus dessen Munde sie kommt. (17)

Und als ob der berühmte Astronom der Antike, der in Alexandria wirkte, nicht ausreichte, führt er eine andere, eine islamische Tradition an, denn „[…] lifelong pursuit of learning is a characteristic ideal of Islamic piety. It underlies the concept of ‚Islamic' education" (Sebastian Günther 2004: 640).

> Suche das Wissen, und sei es in China – wobei die Chinesen bekanntlich Heiden sind; der Sinn der Überlieferung ist freilich, daß man reisen soll auf der Suche nach Wissen. Kurzum, solange ein Mensch vertrau-

ensvoll in seinem Glauben ruht, kann Reisen in fremde Länder keinen Schaden tun, besonders wenn es einem so guten Zwecke wie diesem dient. Vielleicht hat dies alles unser Landesherr im Auge, wenn er uns auf diese Reise schickt. (17)

Damit legitimiert er die Studienmission mit doppeltem Boden: „Suche das Wissen, und sei es in China" ist ein in der islamisch-arabischen Kultur berühmter *ḥadīṯ*[48], eine Überlieferung, die dem Propheten zugeschrieben wird. Damit sind Bildungs- und Forschungsreisen, wie es sie ja im Mittelalter schon gab, eine dem Glauben verpflichtete „Wissenssuche" und somit nicht nur legitim, sondern religiös geradezu gefordert. Und „fremde Länder" sind keine Gefahr, denn der, der in seinem Gott ruht, ist in der Lage, die Dinge einzuordnen – das ist somit ein Appell an die Selbstverantwortung des gelehrten Muslims. Und wem dies immer noch nicht reicht, nun, der Vizekönig Ägyptens und „Landesherr" schickt die Efendis auf Studienmission, was sie auf eine politische Art natürlich rechtfertigt. Aṭ-Ṭahṭāwī jedenfalls hat nicht nur um Akzeptanz geworben bei jenen, die Zweifel an dieser Mission hegten, er sah sich selbst in dieser Tradition handeln und fühlte sich als Teil davon. Wenn an dieser Stelle die Legitimationswirkung sicherlich gewollt ist, so zeigt sich bereits hier ein sehr klares Selbstverständnis des islamischen Gelehrten, den die klassischen Prinzipien der islamischen Ausbildung geprägt und auch seine Handlungsoptionen als Übersetzer bestimmt haben. Auf diesen Punkt wird später noch eingegangen.

48 Als *ḥadīṯ* (Erzählung oder Gespräch) wird eine Überlieferung von Aussprüchen oder Handlungen bezeichnet, die dem Propheten Muhammad zugeschrieben werden oder die er tatsächlich ausgesprochen oder vollzogen hat. In der Hadithwissenschaft gelten eine bestimmte Anzahl davon als gesichert, andere als weniger glaubhaft. Das hängt auch davon ab, wer die Überlieferung berichtet: Geht sie auf seine Gefährten, *aṣ-ṣaḥāba,* zurück oder auf frühe Muslime der nächsten Generation, *at-tābiʿūn,* werden sie in der Regel in sunnitischen Strömungen anerkannt, es gibt jedoch unterschiedliche Ansichten. Im Werk von Ṣaḥīḥ al-Buḫārī sind diejenigen *Ḥadīṯe* aufgelistet, die die meisten Strömungen als „wahr" betrachten. Sebastian Günther definiert im *New Dictionary of the History of Ideas* (641) wie folgt: „The Prophetic Tradition, hadith, that is, the authoritative religious literature in Islam, owes much of its vital educational potential to the ‚model character' of the events and messages emerging from reports and short narratives believed to preserve everything the prophet Muhammad said, did, or condoned."

„Das eigentliche Buch“ wie aṭ-Ṭahṭāwī es nennt, besteht aus sechs Abhandlungen, die wiederum in Abschnitte aufgeteilt sind: Die erste Abhandlung erzählt von der Abreise von Kairo nach Alexandria und von der Ehre, die ihnen dort vor Abreise von Muhammad Ali erwiesen wird: Denn dieser hatte größte Hoffnungen in diese Studienmission. Danach erzählt er von der Überfahrt von Alexandria nach Marseille.

In der zweiten Abhandlung beschreibt er seinen Aufenthalt in Marseille, wo er zum ersten Mal am Tisch sitzend lernt, mit Messer und Gabel zu essen, was er sehr ungewohnt findet. Er beschreibt die Stadt und danach die lange Landreise nach Paris.

In der dritten Abhandlung beschreibt er die Topografie und die Einwohner von Paris sowie die Organisation des französischen Staates, „[…] a description that tested the translation skills of the author“ (Salama-Carr 2007: 216). Er widmet sich den Sitten der Pariser, wie sie wohnen, was sie essen und trinken, welche Kleidung sie wann tragen u. a.m. Im Kapitel 12 schreibt er über seine Eindrücke von der Religion der Pariser. In Abschnitt 13 behandelt er „die führende Stellung der Pariser in den Wissenschaften, Künsten und industriellen Fertigkeiten […]“ (337).

Die beiden wichtigen Kapitel sind die vierte und die fünfte Abhandlung: aṭ-Ṭahṭāwī schreibt in der vierten Abhandlung über sein Leben in Paris, die Organisation des Unterrichts, die Bücher, die er liest, sowie über seine Abschlussprüfung, die ihm der französische Geograph und Ägyptologe Edme François Jomard abnimmt. Jomard war einer der wichtigsten Akteure auf der französischen Seite, da er Teil des Wissenschaftlercorps Napoleons gewesen war und auf französischer Seite die akademische Ausbildung der Efendis der Studienmission und aṭ-Ṭahṭāwīs leitete. Interessant sind die Auszüge aus Korrespondenzen mit sehr wichtigen weiteren französischen Akteuren, u. a. mit Silvestre de Sacy oder Jomard. Die fünfte Abhandlung ist besonders interessant, weil aṭ-Ṭahṭāwī aus der aktuellen französischen Politik übersetzte, u. a. über die Revolution von 1830 gegen Charles X.

In der sechsten und letzten Abhandlung schreibt er über die Einteilung der Wissenschaften und Künste und deren Klassifizierung in Frankreich. Interessant ist auch sein Essay über die Kunst des Schreibens, wo er die Frage des „natürlicheren“ Schreibens – ob von rechts nach links oder umgekehrt – erörtert.

4 Die Translationskultur – Voraussetzungen und Auswirkungen

4.1 Die historische Translationsinitiative Muhammad Alis

Die Studienmission nach Frankreich[49] ist einer der wichtigsten Pfeiler der Reformagenda Muhammad Alis, die dieser während seiner Regierungszeit stetig vorantrieb. Im ganzen Osmanischen Reich begannen – allerdings etwas später, ab dem Jahr 1839 – ebenfalls tiefgreifende Reformen, die als *Tanzimat*-Periode in die Geschichte eingehen sollten. Muhammad Ali, tief beeindruckt von den Fortschritten und der erlebten Machtüberlegenheit der Franzosen, gleichwohl sie in Ägypten eingefallen waren, fasste den Entschluss, aus Ägypten einen modernen starken Staat zu machen, damit so etwas nie wieder passierte. Insbesondere wollte er das Heerwesen reformieren, denn Napoleon hatte das Land buchstäblich überrannt, was für Muhammad Ali, seine Offiziere und die Staatselite eine große Schmach gewesen war. Und noch etwas hatte Muhammad Ali begriffen: Er musste seine bisher lokal ausgerichtete Wirtschaft so umstrukturieren, dass sich systematisch eine Exportwirtschaft mit Produkten, die er nach Frankreich und England verkaufen könnte, entwickeln würde. Er war einer der ersten, der das verstanden hat, was wir heute „globale Wirtschaft" nennen. Dabei spielte Baumwolle als Produkt eine wichtige Rolle. Um nicht nur Rohstoffe, sondern gefertigte Fabrikate exportieren zu können, wollte Muhammad Ali die entsprechenden Kenntnisse in den relevanten Wissensfeldern ins Land holen und vor allem die dazu notwendigen Maschinen für die

49 Die Studienmission von 1826–1831, an der aṭ-Ṭahṭāwī teilnahm, war nicht die erste Studienmission: 1818 hatte es bereits eine Studentengruppe gegeben, die nach Paris geschickt worden war (Gran 2002: 4). Auch nach England und Italien hatte man Studierende geschickt. Die Studienmission von 1826 war jedoch die professionellste, da sie auf einem strukturierten und ehrgeizigen akademischen Programm basierte (Stowasser 1966: 326).

Produktion. Zu diesem Zweck sollten die nach Paris gesandten Studierenden Fachstudien absolvieren, um danach das erlernte Wissen durch Übersetzungen für andere Studierende in Ägypten verfügbar zu machen.

Die Translationskultur, die hier in einem ersten Schritt aufgebaut wurde, war somit eingebettet in diese staatlichen Entwicklungen und Bestrebungen. Der Skopos allen zukünftigen translatorischen Tuns war strategisch eingebunden in diese Initiative (oder sollte es sein). Kees Versteegh schreibt in seinem Artikel *The Emergence of Modern Standard Arabic:*

> At first, the reception of new ideas was promoted by the government: Muhammad Ali, who governed Egypt from 1805 until 1848, stimulated the translation of books and articles from French, mostly on technical subjects, but political and cultural topics were also included. […] the confrontation with Western ideas led to a debate about the compatibility of these ideas with the tradition of Islam, and, on a linguistic level, about the capacity of the Arabic Language to express the new notions. (2014: 221)

Die Translationsbewegung, die durch Muhammad Ali initiiert wurde, erinnert an historisch frühere arabische Übersetzungsbewegungen. Denn es ist ja nicht das erste Mal, dass sehr viel „utilitarian knowledge“ übersetzt wurde. „There is no doubt that such a process of borrowing, or appropriating, the findings of others has led to the dissemination and development of science and technology“ (Woodworth & Delisle 2012: 95). Günther (2016: 214) sieht die „islamische Zivilisation als Wissensgesellschaft“ durch den Umstand begünstigt, dass im 9. Jahrhundert das vergleichsweise billige Papier eingeführt wurde, und so die Verbreitung der formellen Wissensvermittlung über das Buch geschehen konnte. Khayat (2019) zeigt, dass es Parallelen zur Infrastruktur dieser Translationsbewegung zur ersten Übersetzungsbewegung im frühen abbasidischen Kalifat im 9. Jahrhundert gibt, die Dimitri Gutas (1998) in seiner Studie *Greek Thought, Arabic Culture* untersucht hat. Die erste griechisch-arabische Übersetzungsbewegung in Bagdad ist bedeutsam, weil durch diese kulturelle Bewegung fast die gesamte vorhandene Literatur der griechischen Antike ins Arabische übersetzt wurde und so der Nachwelt erhalten geblieben ist.

> […] in the year 830 CE, the Abbasid Caliph (ruler) al-Ma'mun (d. 833CE) established in Bagdad the House of Wisdom (*Bait al-Hikma*), an educational institution where Muslim and non-Muslim scholars together sought to gather the world's knowledge not only via original writing but also through translation. (Osman 2012: 41)

Damit ist diese Übersetzungsbewegung ein Beispiel eines umfassenden Kultur- und Wissenstransfers, der bis dahin ohnegleichen war. Gutas (1998: 107ff.) zeigt im zweiten Kapitel, *Translation and Society*, dass die Voraussetzungen und die Grundlage der Übersetzungstradition die staatliche Nachfrage nach Übersetzungen und eine ebenso vom Staat zur Verfügung gestellte Infrastruktur waren.

> This tradition was perpetuated and translation encouraged by caliphs and other sponsors, who rewarded translators generously and even paid them salaries […]. (Woodsworth & Delisle 2012: 106)

Möglicherweise verweist aṭ-Ṭahṭāwī, wenn er das System lobt, nicht ohne Hintergedanken auf al-Ma'mūn, denn er soll seinen Hauptübersetzer Ḥunain ibn Isḥāq mit Gold entlohnt haben, und zwar für jedes voll beschriebene Blatt Papier, das er übersetzt hat, worauf dieser sich nach besonders schwerem Papier umgeschaut haben soll[50] (Woodworth & Delisle 2012: 122, Anm. 16).

> Zur Zeit der Kalifen waren wir das vollkommenste aller Länder. Der Grund dafür ist darin zu suchen, daß die Kalifen Gelehrte, Künstler und andere Personen zu fördern pflegten, wobei einige von ihnen sich sogar selbst mit Wissenschaften und Künsten beschäftigten. Siehe etwa al-Ma'mūn[51], Hārūn al-Rašīds Sohn […] Desgleichen der Abbaside Ja'far

50 Es ist dabei eine schöne Koinzidenz, wenn gerade zu den großen Übersetzungsbewegungen in Bagdad im 9. Jahrhundert die Technologie für die Herstellung von Papier erfunden wurde. Rechtzeitig arbeiteten Papiermanufakturen auch als Alfonso X. die umfangreichen Übersetzungsarbeiten in Toledo einleitete (Pym 2000: 82).

51 Al-Ma'mūn ist der siebte abbasidische Kalif. Unter ihm erreichte das Kalifat der Abbasiden seinen kulturellen Höhepunkt. Al-Ma'mūn gehörte der rationalistischen theologischen Strö-

> al-Mutawakkil[52], welcher Iṣṭifān[53] zur Übersetzung griechischer Werke anregte, wie etwa Dioscorides' Buch über die Arzneimittel. Auch ersuchte der Herrscher von Andalusien, ʿAbd al-Raḥmān al-Nāṣir, den Herrscher von Konstantinopel […] ihm einen Griechisch oder Latein sprechenden Mann zu senden, auf daß er ihm Sklaven als Übersetzer ausbilde […]. Aus all dem ersieht man, daß sich die Wissenschaften in einem Zeitalter nur dann entfalten, wenn der Herrscher seinen Untertanen Förderung angedeihen läßt. (15)

Aṭ-Ṭahṭāwī hat mit diesen Beispielen eindeutige historische Parallelen gezogen und somit die Förderung der Studienmission sowie seine eigene als klare Aufgabe seines Herrschers gesehen, denn nur dann sei innovative kulturelle Entwicklung und Fortschritt möglich. Dafür akzeptierte er auch die Prioritäten, denen er und seine Mitstudenten Folge zu leisten hatten: Oberste Priorität hatte für Muhammad Ali sicherlich alles, was seine militärische Schlagkraft stärken konnte, z. B. neueste Erkenntnisse zur Waffenproduktion, zur strategischen Kriegsführung, zur Offiziersausbildung und allen dazu nötigen Kenntnissen.

> Die von Muhammad ᶜAli eingeleitete Reform des Erziehungswesens war in Zielsetzung und Durchführung so gut wie ausschließlich auf das Militärische ausgerichtet. Sämtliche von ihm gegründeten Schulen, nicht nur die Spezialschulen, sondern auch die als Art der Vorbereitungsschulen konzipierten *makātib*, dienten […] dem Aufbau der Streitkräfte. (Stowasser 1966: 6)

---

mung der *muʿtazila* an, eine Gruppierung, die meinte, vernunftgeleitete Menschen könnten den wahren Glauben erkennen. Die *Muʿtaziliten* gehen davon aus, dass Gut und Böse den Handlungen wesensmäßig eigen sind und durch die Ratio erkannt werden können, d. h. sie sind der Überzeugung, dass es einen freien menschlichen Willen gibt (denn nur dann könne ja Gott bestrafen). Damit stellen sie sich gegen die herrschende sunnitische Lehre, die einen strafenden Gott sieht, dem der Mensch nur durch Ergebenheit in seine Regeln gerecht werden könne.

52 Al-Muttawakil (sein Thronname) war der zehnte abbasidische Kalif (822– 861).

53 Iṣṭifan b. Basīl, ein Schüler des berühmten Übersetzers und Leibarztes al-Mutawakkils, Ḥunain ibn Isḥāq (gest. 873) mit lateinischem Namen bekannt als „Johannitius“ und selbst Übersetzer mehrerer medizinischer Werke. (283, Anm. 9)

Marsot fasst die Lage in dieser Phase in Ägypten wie folgt zusammen:

> To begin with, an army was a *sine qua non* of Muhammad Ali's reforms for Egypt. [...] Furthermore, and perhaps more important to the ruler's plans, an effective army would allow him to gain independence or some measure of autonomy from his Ottoman suzerain. His own Albanian regiments were nothing but a bunch of undisciplined rabble who often turned against Muhammad Ali. (2002: 3)

So stand die Studienmission nicht nur in einem politischen Kontext, sondern war verflochten mit dem persönlichen Ehrgeiz Muhammad Alis: Er wollte eine funktionierende Armee, die nicht aus Söldnern, sondern ausgebildeten Soldaten und Offizieren bestand, nach französischem Vorbild. Deshalb brauchte er das Wissen über Aufbau und Struktur. Das war in seinen Augen der Grundpfeiler seiner (künftigen) Macht. Sie sollte aus neu rekrutierten Soldaten und Offizieren bestehen: die Militärelite aus Kurden, Türken und Europäern, das „Fußvolk" aus ägyptischen Bauern und einfachen Handwerkern. Hourani formuliert in seinem Buch *Arabic thought in the liberal age 1798–1939* sehr eindeutig die Beziehung zwischen Translation und zugeordnetem Skopos, das Spannungsfeld der Macht, in das die entsandten Studierenden zwangsweise eingebunden waren:

> It was largely in the interest of his [Muhammad Ali; d.Verf.] military policy that he opened professional schools, sent students to Europe, set them to translate technical works when they returned, established a press to print the translations [...] He needed artillery officers, doctors, engineers. It was not his intention that they should acquire more than a necessary skill: they were kept under strict control[54],and when a group of students asked his permission to make a tour of France and acquire a knowledge of French life at first hand, he refused it. (1983: 53)

54 Vgl. Vierte Abhandlung (170 ff.).

Louca zitiert in seinem Artikel *La médiation de Tahtâwî* Arnold Toynbee, der ein gutes Beispiel gegeben hat, dass Muhammad Ali nur darauf bedacht war, das Wissen aus dem Westen „abzusaugen“, um es dann für sich und seine Ziele frucht- und nutzbar zu machen, ohne die kulturelle und gesellschaftliche Bedeutung, die diese Wissenschaftsimporte darstellten, wirklich bedacht zu haben bzw. wenn doch, dann nur mit der Illusion der Abschottung verbunden: „[...] combien ces hommes d'État turcs du XIXe siècle se leurraient en pensant pouvoir donner a leur pays un équipment occidental et ne pas pousser plus loin l'occidentalisation“ (2002: 60).

Die politisch-ökonomische Bedeutung der Agrarwissenschaft sowie des Maschinenbaus ergab sich aus seiner Strategie, die Industrialisierung und den Export von Industrieprodukten auf- bzw. auszubauen. Weitere wichtige Bereiche waren die Naturwissenschaften und die Medizin. Aus diesen Fachgebieten sollte alles Neue umgehend nach Ägypten – übersetzt – gebracht werden. Der Staat investierte somit viel Geld in die Ausbildung dieser vierzig Studierenden und erwartete bei Rückkehr, dass sich daraus die entsprechenden „Gewinne“ erzielen lassen würden.

Hinsichtlich der sich hieraus entwickelnden Translationskultur ist zu sagen, dass der vorgegebene Rahmen für Übersetzungen zwingend und fordernd war, gerade weil der Einsatzzweck der Übersetzungen so direkt verbunden war mit den Zielen des autoritär geführten Staates. Dies wird in Kapitel 5, wenn die einzelnen Akteure und die Machtkonstellationen betrachtet werden, bedeutsam sein.

4.2 Die Studienmission in Paris 1826–1831

Die Leitung der Studienmission hatte Muhammad Ali aus gutem Grund mit Vertretern betraut, die zu seinen engen politischen Gefährten gehörten. Im vierten Kapitel der Einleitung (31 ff.) nennt aṭ-Ṭahṭāwī die „drei führenden Persönlichkeiten aus der Prominenz der Staatskanzlei“ (31), dem *dīwān:*

'Abdī Efendi Šukrī ist ein in Konstantinopel geborener Türke und der Sohn des Stellvertreter Muhammad Alis.

Ḥasan Efendi al-Iskandarāni ist auch türkischer Herkunft. Paris war seine zweite Studienmission, davor war er bereits zu einem einjährigen Aufenthalt nach England entsandt worden. 1833 wurde er Leiter der Werft in Alexandria, danach Chefinspektor der Marine. Er war mit 38 Jahren der älteste und erfahrenste Teilnehmer.

Muṣṭafā al-Muḫtār Efendi, ein Jahr jünger als aṭ-Ṭahṭāwī, ist wie Muhammad Ali in Kavalla in Nordmazedonien geboren und war mit vierundzwanzig Jahren Leiter der Mission und Student. Er studierte Militärverwaltung und wurde innerhalb eines Jahres zum *bey*-Rang befördert und übernahm als Leiter des Schuldepartments die Verantwortung für alle neu gegründeten Schulen (284; Newman 2011: 132). Das Schulwesen gehörte zur Heeresverwaltung und war im Kriegsministerium, *dīwān al-ǧihādiya*, angesiedelt.

Edme-François Jomard nahm eine sehr wichtige Position in der Ausbildungsoffensive Muhammad Alis ein, denn er leitete das akademische Programm der Stipendiaten in Paris. Er sah in aṭ-Ṭahṭāwī einen Hoffnungsträger, den er für befähigt hielt, eine Art Brückenfunktion zwischen Paris und Kairo einzunehmen und er förderte ihn nach Kräften. Jomard war Teil der Expedition Napoleon Bonapartes nach Ägypten 1799–1801 und Mitglied in der wissenschaftlichen Kommission am Institut d'Égypte. Während dieser Zeit machte er Bekanntschaft mit dem Mentor und Förderer aṭ-Ṭahṭāwīs, al-ʿAṭṭār, der einige der französischen Wissenschaftler in Arabisch unterrichtete. Er hatte ein großes Interesse am Ausbau der politischen und kulturellen Beziehungen zu Ägypten. Er zeigte großes Engagement als akademischer Leiter der Studienmission, eine Vergütung, die ihm Muhammad Ali für diese Aufgabe anbot, lehnte er ab (Louca 2006: 9). Es wird gezeigt werden, dass es aṭ-Ṭahṭāwī war, der die Verbindung dieser beiden Männer, Jomard und al-ʿAṭṭār, geschickt für sich und seine Interessen zu nutzen wusste.

Diese Aufstellung zeigt – wie im Brennglas – die Merkmale der Elite, auf die sich Muhammad Ali stützte: es waren mehrheitlich Türken, mit Verbindungen zur Familie des Sultans, Albaner, Georgier und Europäer, in der Regel Franzosen, aber auch Spanier und Italiener. Dies spiegelte sich auch in der Studienmission: achtzehn Studenten waren gebürtige Ägypter, die anderen waren Tscherkessen, Armenier, Georgier und Türken.

Muhammad Ali, wālī				
ʿAbdī Efendi Šukrī, Sohn von Ḥabīb Efendi, Stv. Mohammad Alis, 1834 Stv. des Vaters + Mitglied im Obersten Rat, 1850 Leiter Schulwesen, *mudīr al-madāris*	Muṣṭafā Muḫtār Efendi Direktor des Hohen Rats, Leiter Schul-department *dīwān al-madāris*	Ḥasan Efendi al-Iskandarānī Leiter der Werft Alexan-drias, Chefinspektor der Marine, *nāẓīr al-Baḥriya*	Edme-Fran-çois Jomard, Mitglied in wissenschaftl. Kommission am Institut d'Égypte (1799–1801), Leiter des akademischen Programms	aṭ-Ṭahṭāwī

Abb. 2: Die Leiter der Studienkommission 1826–1831. Quelle: Darstellung von der Verfasserin

Das kann als Indikator dafür gesehen werden, dass potentielle Kandidaten für politische Ämter kaum in der ägyptischen Bevölkerung gesehen wurden. Araber hatten ein Monopol auf religiöse Aufgaben, man brauchte sie für die Leitung des täglichen Gebets, denn das musste auf Arabisch gesprochen werden. Ebenso für Leitung und Durchführung der Gebete anlässlich religiöser Zeremonien, wo die Rezitation des Korans einen wesentlichen Bestandteil ausmacht, wie dies z. B. während des Fastenmonats *Ramaḍān* der Fall ist. Auch religiöse Rechtleitung und Seelsorge waren Bereiche, die arabischen Muttersprachlern mit entsprechender Ausbildung vorbehalten waren. Dennoch war die Ernennung aṭ-Ṭahṭāwīs eine Ausnahme:

> Die Ernennung eines so jungen und unbekannten Mannes zum Imam der ersten Studienmission war zumindest ungewöhnlich und dürfte daher in gewissen Kreisen einiges Befremden erregt haben. Die Anregung dazu kam von Scheich Ḥasan al-ʿAṭṭār, der sich schon des längeren in freundschaftlicher Verbundenheit seines ehemaligen Schülers angenommen hatte. Ḥasan al-ʿAṭṭār war wohl der prominenteste unter den wenigen Ulema, die Muḥammad ʿAlīs Reformen und Modernisie-

> rungsbestrebungen unterstützten und erfreute sich daher der besonderen Gunst des Paschas. (312)

Als aṭ-Ṭahṭāwī durch die Vermittlung seines Mentors und Jomards die Erlaubnis erhielt, dass er Übersetzen studieren dürfe, war ihm klar, welche Chancen sich für ihn eröffneten. Als mittelloser Azhari war er zwar durch seinen Mentor al-ʻAṭṭār geschützt, gehörte aber zu dem Kreis jener, denen von der Elite im Reich Muhammad Alis Misstrauen entgegengebracht wurde, weil sein Mentor al-ʻAṭṭār nicht die Meinung der Mehrheit der Azharis repräsentierte. Das war ja auch ein wichtiger Grund für seine Ernennung durch Muhammad Ali gewesen. So war der Konflikt zwischen den konservativen Azharis und dem überzeugten Reformer al-ʻAṭṭār nur politisch gedeckelt, jedoch nicht gelöst. Aṭ-Ṭahṭāwī sollte genau diese Konfliktlinie später konstruktiv nutzen, indem er Azharis in nicht unbedeutender Zahl in die Prozesse der Translation an der Sprachenschule einband und so zu dem staatlichen Translationsprojekt eine Brücke herstellte: Azharis übernahmen die Arbeit als Revisoren und Korrektoren. Somit involvierte er sie und ihre Institution, die Azhar.

In Paris allerdings hatte er nur eine Chance, wenn er Karriere machen wollte: Erfolg beim Studium und die Schaffung guter Netzwerke. Daher galt er bei seinen Mitstudenten und seinen französischen Lehrern als Musterschüler. Er war sehr produktiv in der Übersetzung unterschiedlichster Werke, die er später in Kairo drucken ließ. Und er nutzte die Möglichkeiten, die ihm Jomard bot. Er hörte Vorlesungen an der Akademie und knüpfte wichtige Kontakte zu französischen Wissenschaftlern. Im *Paris-Bericht* veröffentlichte er sogar die Empfehlungs- und Lobschreiben Jomards. Dies sollte ihm Türen öffnen, die ihm sonst verschlossen wären. Sie bildeten für ihn die Grundlage des ersten beruflichen Meilensteins in seiner Karriereplanung.

In sechs Kapiteln beschreibt aṭ-Ṭahṭāwī in der vierten Abhandlung des *Paris-Berichts* die folgenden Themen, die einen detaillierten Einblick in die Ausbildung und das Leben der Studenten in Paris gibt.

> […] über unser Bemühen und unsere Arbeit in den für die Erreichung der Zielsetzung unseres Landesherrn erforderlichen Disziplinen und über die Zeiteinteilung für Lesen, Schreiben und andere Fächer; ferner

> behandelnd die hohen Auslagen (für uns) seitens unseres Landesherrn, meinen Briefwechsel mit einigen namhaften Franken im Zusammenhang mit dem Studium und über die Sachgebiete und Bücher, die ich in Paris gelesen habe. (170)
> Anhand dieser Abhandlung wird man verstehen, daß es nicht leicht ist, die einzelnen Fachgebiete zu erlernen, und daß, ‚wer Wissen erstrebt, Fährnisse bestehen muß, um zu den Gipfeln jener Breiten vorzudringen'. (219)

Ob aṭ-Ṭahṭāwī sich nun verteidigte gegenüber jenen, die ihm und den Studenten die Teilnahme an der Mission neideten, oder ob er klagte oder (wahrscheinlich) beides, ist nicht sicher auszumachen, wenn er, wie in der damaligen Zeit üblich, in der Manier des Gelehrten, ein Epigramm hinzufügt, das lautet: „Wer weiß, daß der Honig ihm Labe bringt, der fürchtet nicht Schmerz von Bienen Stich" (170). Treffsicher fasst das Epigramm die Lage zusammen: sie war hart und der Druck war hoch. Es lockten allerdings – mindestens für die Efendis – sehr attraktive und ehrenvolle Positionen und Karrieren in Militär und Verwaltung (Stowasser 1966: 6). Er berichtet im Epilog des *Paris-Berichts* von den teils steilen Karrieren der Teilnehmer der Studienmission – vor allem der osmanischen und albanischen Efendis, die alle Positionen mit viel sozialem Prestige innehatten, während er selbst zu dem Zeitpunkt Übersetzer und Sprachlehrer an einer der neuen Schulen war (260 ff.).

Denn ohne Frage war diese Studienmission eine intensive Studienzeit mit vollem Tageskalender[55], an dem aṭ-Ṭahṭāwī als einziger der vier Seelsorger, vom ersten Tag an freiwillig teilnahm:

> He began to learn French from the day he embarked at Alexandria in order to be able to read French works. […] he could never speak the language fluently because his object in learning the language was simply to translate the books he read into Arabic. He was possibly the only mem-

55 Und genauesten Regeln, was erlaubt war und was nicht: Tage und Zeiten für Ausgang und Freizeit waren genau festgelegt, wie auch sonst sehr vieles, bis hin zum Benehmen in der Öffentlichkeit, vgl. „[…] über die Handhabung unseres Kommens und Gehens". (174)

ber of the mission who ever read a book on history. The extraordinary part about his reading was the fact that he translated into Arabic nearly every book he read. There were three other imāms but not one of them attempted any task beyond his duties. (Heyworth-Dunne 1939: 963)

Das Programm bestand darin, zuerst einmal das Schreiben zu lernen, d. h. die lateinischen Buchstaben. Damit hat die Gruppe bereits während ihrer Quarantänezeit in Marseille schon begonnen. Danach studierten sie die französische Grammatik mit Morphologie und Syntax. Die Gruppe studierte mehrere französische Grammatiken ein, und die Studenten hatten Ausdruck- und Konversationsunterricht. Sie wurden auch in Geschichte, Geometrie, Zeichnen (technisches Zeichnen), Arithmetik und Geografie unterrichtet (187 ff.). Dies waren Basisfächer, die alle absolvierten, bis die Studenten später in Fachschulen aufgeteilt wurden. Fast ein Jahr lernten sie in diesem gemeinsamen Sprach- und Studienprogramm im Missionshaus, wo sie wohnten und versorgt wurden. Danach lebten sie in Gastfamilien oder in Pensionen, während die Studien weiter fortgesetzt wurden. Jedem Studenten oder einer kleinen Studentengruppe, je nach gewähltem Fach, wurden Lehrer zugeteilt. Das akademische Studienprogramm verantwortete der bekannte Geograph und Orientalist und Archäologe, Edme-François Jomard, Mitglied der Wissenschaftsdelegation Napoleons in Ägypten. Es gab monatliche Lernfortschrittskontrollen mit Bewertungen der Lehrer, die nach Kairo geschickt wurden und die Muhammad Ali persönlich las. Er äußerte sich alle paar Monate dazu, indem er einen *firmān*, eine schriftliche Order, an die Teilnehmer schrieb: mal mit Tadel[56], mal mit Lob und oft mit beidem. Weiterhin gab es für alle Efendis Jahresabschlussprüfungen und die jeweilige Abschlussprüfung vor Abreise. Für seine Sprachprüfungen hatte aṭ-Ṭahṭāwī Preise bekommen. Die Abschlussprüfung der Efendis war öffentlich, was ihn sehr befremdete (194), ebenso, dass bei den anderen Prüfungen jedermann teilnehmen konnte, der eine Einladung

56 Aṭ-Ṭahṭāwī zitiert in seinem *Paris-Bericht* eine solche (Brief-)Order, in der Muhammad Ali seiner Unzufriedenheit über den Erfolg der Studienmission Ausdruck verleiht. Sinnigerweise, so aṭ-Ṭahṭāwī, nannten die Osmanen einen *firmān* solchen Inhalts die „Wiederbelebung der Herzen“, *iḥyā' al-qulūb*. (Stowasser 1966: 226 ff.)

erhielt, „gewöhnlich nach Art der Einladung zum Essen“ (194). Im Lern- und Lehrsystem, das er von der Azhar kannte, war die Prüfung eine Sache zwischen dem Schüler und dem Lehrer, der, wenn er zufrieden war und der Schüler alles Wichtige erlernt und die Leistungen erbracht hatte, eine *iǧāza* erteilte: Das ist eine Lehrbefugnis für ein Buch oder Bücher zu einem Thema oder Fach. Dies war aber nicht öffentlich, sondern in der Lehr- und Lerngruppe. Daher ist das Befremden, quasi „vorgeführt“ zu werden, nachvollziehbar.

Aṭ-Ṭahṭāwī studierte „die Wissenschaft des Übersetzens“, er hatte dazu eigens die Erlaubnis Muhammad Alis eingeholt, denn eigentlich war er als Seelsorger für die Studenten mitgeschickt worden. Er studierte mit verschiedenen Lehrern Texte aus den unterschiedlichsten Bereichen (187 ff.). Das Studium der Texte folgte dem Lernsystem, das am ehesten mit den „cour de traduction“ zu beschreiben wäre: Lesen (mit Aussprachekontrolle), Verständnisfragen klären, danach den Text zusammenfassen bzw. darüber diskutieren, um dann Teile davon (oder alles) zu übersetzen. Für jedes Fachgebiet wurde ein Wissenschaftler oder Fachlektor beauftragt, der die Textlektüre fachlich beherrschte. Während in den ersten beiden Jahren eine Art Grundausbildung und die Spracherlernung in der Gruppe gemeinsam unternommen wurde, wurden die Studenten ab dem dritten Studienjahr in Fachgruppen aufgeteilt oder hatten – wie aṭ-Ṭahṭāwī – Einzelunterricht. Dabei hatte er – wie auch die anderen Studenten in ihren Muttersprachen – das Problem der Lexik zu lösen, denn vieles, was er las und übersetzte, fand im Arabischen keine Entsprechung. Das galt sowohl für die technischen als auch für die politischen Begriffe. Richtigkeit und Inhaltsverständnis für die arabische und französische Sprache kontrollierte Jomard (oder von ihm beauftragte Personen). Aṭ-Ṭahṭāwī zählte im *Paris-Bericht* die Bücher und Texte auf (187 ff.), die er mit seinen Lehrern in Paris studiert und ganz oder teilweise übersetzt hat. Die untenstehende Liste gibt einen Überblick über seine Übersetzungstätigkeit während dieser Studienjahre.

Auffallend ist, dass er den thematischen Vorgaben und Prioritäten Muhammad Alis wenig Folge leistete.[57] Nur ein Text (vgl. 8 der Tabelle) ist aus dem Bereich, den Mohammad Ali priorisiert hatte, dem Militärbereich: ein Text zur

57 Stowasser (1966: 322) erwähnt, dass gegen Ende seines Studienaufenthalts, aṭ-Ṭahṭāwī aufgefordert worden sei, auch Werke zur Geschichte und Geografie zu lesen.

Militärstrategie, genauer zur Führung von Offizieren. Das Thema war ihm nicht neu, denn er unterrichtete vor seiner Abreise an der Militärakademie und kannte daher diesen Bereich sehr gut. Als er sich entschied, die Auswahl des „anonymen Briefes" des französischen Offiziers, der auf Seiten der Russen gegen die Osmanen gekämpft hat, in den *Paris-Bericht* aufzunehmen, dürfte er seine Zurückhaltung in Militärangelegenheiten vermittelt haben. In dem Brief, der in einer Zeitung in Paris erschienen ist, offensichtlich anonym, beschreibt ein französischer Offizier, der als Freiwilliger auf Seiten der Russen kämpfte, mit welcher zügellosen Leidenschaft und Grausamkeit die Osmanen gewütet – und damit gesiegt hätten. Er beschreibt weiter, dass es die Franzosen waren, die einen „blendend aussehenden jungen Mann mit zahlreichen Verwundungen", einen türkischen Offizier, verschont hätten und ihn „wegen seines guten Aussehens und seiner Wunden" am Leben ließen (193). Aṭ-Ṭahṭāwī kritisiert nicht direkt, er bleibt – scheinbar – neutral, und steht dennoch auf der Seite derjenigen, die den gutaussehenden Mann schonten. Es ist nicht klar, warum der Text ihn so beeindruckte, dass er ihn ins Arabische übersetzte und in den *Paris-Bericht* aufnahm. Möglicherweise war es eine Momentaufnahme der öffentlichen Meinung in Paris über das Verhalten der Osmanen in jenem Krieg, über die er berichten wollte.

Tabelle 1 ist eine Zusammenstellung der Übersetzungen, die aṭ-Ṭahṭāwī in Paris angefertigt hat. *La lyre brisée* (vgl. 10 der Tabelle) war seine erste Übersetzungsübung an einem literarischen Text. Er ließ die arabische Übersetzung 1827 in Paris drucken, gerade mal ein Jahr nachdem er angekommen war. Es ist für längere Zeit sein einziger literarischer Text geblieben. Erst im Exil im Sudan, 1850, wird er Gelegenheit haben einen weiteren literarischen Text zu übersetzen: Er widmet sich dem didaktischen Roman von François Fénelon *Les Aventures de Télémaque.*[58]

In der Abschlussprüfung wurde er in beiden Sprachen geprüft, in Arabisch und Französisch, und sollte im mündlichen Teil einige Fragen zu Sachverhalten und zur Grammatik beantworten. Während einige Texte von ihm vorgelegt werden konnten, wurden ihm auch Texte gegeben, die bereits im Verlag Būlāq erschienen waren: ad hoc sollte er ins Französische übersetzen und die Inhalte mit Mitgliedern der Prüfungskommission diskutieren (Stowasser 1966: 245–

58 Vgl. die Studie zur Übersetzung des Romans von Hamad & Woltering (2018).

246). Tabelle 1 umfasst die wichtigsten Texte, die er in Paris übersetzt hat. Es handelt sich um vollständige Werke oder Auszüge aus mehrbändigen Werken. Nach seiner Rückkehr begann er systematisch die begonnenen Übersetzungen im Verlag Būlāq zu veröffentlichen.[59]

Themen	**Französischer Titel und Erscheinungsjahr**	**Original-autor**	**Arabischer Titel**	**Anmerkungen**[60]
1-Medizin	*Traité d'hygiène*	Unbekannt	*ʿilm siyāsat aṣ-ṣiḥḥa*	1826 übersetzt als Teil in *Taḫlīṣ* 1834[61]
2-Geschichte, Kulturen	*Aperçu historique sur les moeurs et coutumes des nations*, 1826[62]	Georges-Bernard Depping[63]	*Qalāʾid al-mafāḫir fī ġarīb ʿawāʾid al-awāʾil wa-l-awāḫir*	Auszüge, überarbeitet und publiziert mit Glossar 1833
3-Geschichte Politik, Kultur	*Almanac de l'Égypte et de la Syrie pour l'année 1244 de l'hégire, 1830*	Edme-François Jomard		1830
4-Mineralogie, Bodenkunde (für Landwirtschaft)	*Minéralogie Populaire 1826*	Cyprien-Prosper Brard	*Al-maʿādin an-nāfiʿa li-tadbīr maʿāyiš al-ḫalāʾiq*	Auswahl, überarbeitet 1833

59 Eine ausführliche Aufstellung seiner Lektüre findet sich im *Paris-Bericht* im Vierten Kapitel, Fünfter Abschnitt.

60 Sofern nichts anderes vermerkt, sind alle Übersetzungen im Verlag *Būlāq* erschienen.

61 Publiziert 1834. Die letzte Jahresangabe der Spalte ist das Erscheinungsjahr.

62 Die Abhandlung ist 1826 erschienen, vgl. Louca (2002: 62) und <https://archive.org/details/bub_gb_I6ZZ1A4XTxkC/page/n11/mode/2up>.

63 Das Werk von Depping wird als Modell für den Aufbau des *Paris-Berichts* gesehen (Stephan: 2012).

Themen	Französischer Titel und Erscheinungsjahr	Originalautor	Arabischer Titel	Anmerkungen[60]
5-Natur- und Staatsrecht, Rechtsgrundsätze	*Principes du droit de la nature et des gens,* Neuaufl. 1820	Jean-Jacques Burlamaqui	*Al-ḥuqūq aṭ-ṭabi'iyya*	wurde nicht publiziert
6-Heerwesen, Strategien der Kriegsführung	*Théorie de L'Officier Supérieur, ou essai contenant des détails sur l'art militaire, les positions, les affaires, les marches, etc.,* 1820	J.P.A. Léorier	*'ilmiyyāt kibār aḍ-ḍubbat*	ca. 100 Seiten auszugsweise übersetzt in Paris
7-Geometrie	*Eléments de Géométrie 1823*	Adrien-Marie Legendre	*Mabādi' al-handasa*	1842, 1853
8-Militär	Article anonyme d'un officier français engagé dans les rangs des Russes contre les Turcs (1828–29)	anonymer französischer Offizier	o. Titel	*Paris-Bericht*[64] 1834
9-Geografie	*Précis de Géographie Universelle*	Conrad Malte-Brun	al-ǧuġāfiyā al-'umūmiyya	1838
10-Dichtung	*La lyre brisée,* 1826	J. E. Agoub	*Naẓm al-'uqūd fī kasr al-'ūd*	Nachdichtung 1827 Paris: Dondey-Dupré

Tab. 1: Übersetzungen während des Aufenthaltes in Paris[65]

64 Vgl. *Paris-Bericht,* 191–194.

65 Tabelle erstellt von der Verfasserin.

Mit der Übersetzung des Werkes *Théorie de L'Officier* hat aṭ-Ṭahṭāwī seine Pflicht getan oder hielt sie für getan. Er wurde 1833 an die *School of Artillery* in Ṭura[66] transferiert, „[...] in order to translate works on geometry and military sciences." (Heyworth-Dunne 1939: 965) Als 1834 die Pest in Kairo ausbrach, verließ aṭ-Ṭahṭāwī seinen Arbeitsplatz nicht nur ohne Rücksprache, sondern auch ohne Erlaubnis und zog sich in seine Heimatstadt Ṭahṭā zurück. Das war für einen Beamten schon außergewöhnlich. In Ṭahṭā widmete er sich der weiteren Übersetzung von Malte-Bruns (vgl. Nr. 9 der Tabelle) *Précis de Géographie Universelle*. Er präsentierte das Skript des übersetzten Werkes nach seiner Rückkehr Muhammad Ali, der ihn daraufhin beförderte und ihm einen Titel verlieh (Heyworth-Dunne 1939: 965).

In den geforderten Themenkomplex passt auch der Text zur Mineralogie (vgl. Nr. 4), den er übersetzt und später herausgegeben hat. In dem Werk werden Verfahren beschrieben, wie durch entsprechende Behandlung der Böden die Agrarleistung gesteigert werden kann. Dies war ein wichtiger Fachbereich, weil es sich in die staatliche Strategie einreihte, die zum Ziel hatte, den Export von Agrarprodukten nicht nur signifikant zu erhöhen, sondern auch die Qualität der Produkte zu verbessern. Alle anderen Texte in der Pariser Zeit fielen nicht unter die Prioritätenliste, die er selbst im *Paris-Bericht* auflistete. So ging die Studienmission 1831 nach der Abschlussprüfung der Efendis zu Ende. Sie war ein Meilenstein in den wissenschaftlich-kulturellem Beziehungen beider Länder und Baustein der politisch-ökonomischen Beziehungen. Translation war eine der wichtigsten Grundlagen dafür. Aṭ-Ṭahṭāwī bewunderte diese neue Welt, die er kennenlernte. Er musste den Widerspruch zwischen der fremden und der eigenen Kultur noch nicht lösen. Er war tief in seiner eigenen Kultur verwurzelt, und er konnte die Verdienste sowohl der französischen Wissenschaften als auch des Islam und der arabischen Kultur in Einklang bringen.

66 Ṭura ist ein kleiner Ort im Süden Kairos in Richtung Helwan.

4.3 Die Zeit des Übersetzens

R.G. Khoury spricht in seinem Artikel *Die Rolle der Übersetzungen in der modernen Renaissance des arabischen Schrifttums* vom Übersetzen als der „Hauptbeschäftigung der Epoche" (1971: 5). Die Modernisierung des Staates sollte von einer neuen Elite getragen werden, um die herrschenden Mameluken aus ihren Machtpositionen zu entfernen und gleichzeitig die eigene Macht zu unterfüttern. Dabei hielt es Muhammad Ali für nicht klug, sich dauerhaft in so starkem Maße auf die zahlreichen, ausländischen Fachleute zu verlassen, die Führungspositionen in Bereichen der Naturwissenschaften und der Medizin einnahmen, wie zum Beispiel Clot-*bey*[67] an der *School of Medicine*. Mittelfristig sollten die Europäer abgelöst werden, auch weil sie sehr teure Fachkräfte waren. „Daher begann er Studenten nach Europa zu senden, gründete eine größere Anzahl Schulen" (Khoury 1971: 3) und eine Übersetzerschule, deren Leitung er aṭ-Ṭahṭāwī nach dessen Rückkehr nach Kairo anvertraute. Sorman geht einen Schritt weiter, wenn er schreibt :

> Mais c'est seulement depuis l'alliance entre le pacha et Rifaa [...] que le despote s'est légitimé comme l'agent de la modernisation: c'est au gré des inclinations du souverain, au nom de la modernisation que l'Égypte ‚progresse' vers le capitalisme, le socialisme, le nationalisme ou le libéralisme. (Sorman 2003: 29)

Die bedeutsamste Säule der Erneuerung wichtiger staatlicher Aufgaben war somit der Wissenstransfer aus dem Ausland, vornehmlich aus Frankreich – und dies geschah durch die Translation von Fachliteratur, die in Schulen und Ausbildungsstätten eingesetzt werden sollte. Khoury listet allein 700 publizierte Übersetzungen im Zeitraum zwischen der Gründung der ersten Druckerei in Ägypten (*Būlāq)* und dem ersten Weltkrieg auf (Khoury 1971: 5). Somit war das Übersetzen jene „Hauptbeschäftigung dieser Epoche", denn im Libanon,

67 Antoine Bartélémy Clot war französischer Arzt und Leibarzt Muhammad Alis. Er gründete in Abū Za'bal eine Medizinschule, an der er selbst unterrichtete und war lange Jahre verantwortlich für die strategische Gesundheitsplanung in Ägypten.

so Khoury, seien ungefähr gleich viele Übersetzungen entstanden. Dies war umso erstaunenswerter, als es außerhalb der Eliten und der religiösen Gelehrten, kaum eine Leserschaft gab. Diese Leserschaft war klein und wuchs nur langsam. El Shamsy schätzt die Leserinnen und Leser in Ägypten um 1800 bloß auf ungefähr 40.000 (2020: 66). Zwar brachte die französische Armee nach der Invasion Druckermaschinen mit, um Zeitungen, Verlautbarungen und Bücher zu drucken, jedoch war das nur für die französische Bevölkerung gedacht. Nur wenige Ägypter oder Ausländer in Kairo konnten Französisch. Das Druckereigeschehen nahm erst mit der Gründung der Druckerei Būlāq 1822 Fahrt auf (El Shamsy 2020: 66–67).

Wie wurde nun damals übersetzt? Es gab unterschiedliche Modelle:

- ein Text A wird übertragen in einen Text B, der den Inhalt, insbesondere bei Fachtexten wiedergibt, so wie er im Original geschrieben steht. Aṭ-Ṭahṭāwī ist ein Verfechter von „Aquivalenzen" und Texttreue. Der fachliche Inhalt, der als Lehr- und Lernstoff für den Einsatz in den neuen Schulen gedacht war, sollte genau übersetzt werden. Dabei war es wichtig, die Lexikografie des Arabischen anzupassen bzw. auszubauen. Aṭ-Ṭahṭāwī fügte bei mehreren seiner Übersetzungen Glossare hinzu.
- das Original wird teilweise übersetzt, teilweise zusammengefasst (Khoury 1971: 5). Dies war oft dann der Fall, wenn der Übersetzer den Fachtext nicht im Detail verstanden hat und dann „verkürzt" wiedergegeben hat, was er de facto verstanden hat.
- literarische Arbeiten wurden oft für den jeweiligen Publikumsgeschmack adaptiert oder sogar umgeschrieben. Oft wurde dabei der Titel des Werkes oder der Autor nicht genannt.[68]

Im ägyptischen Arabisch bzw. in der Umgangssprache der Ägypterinnen und Ägypter fehlte oft die nötige Grammatik oder Syntax des Hocharabischen, sodass es anfangs schwierig war, überhaupt einen nachhaltigen Translationspro-

68 Legendär sind hier die Umarbeitungen der sehr beliebten Romane Alexandre Dumas. (Khoury 1971: 6)

zess einzuführen. Die einzigen, die wirklich die sprachlichen Voraussetzungen und die Virtuosität mitbrachten, waren die Gelehrten der Azhar. Allerdings betrachteten diese das gesamte Modernisierungsprojekt mit Misstrauen. Es ist sicherlich aṭ-Ṭahṭāwīs Verdienst, viele Azharis in die Spracharbeit einzubinden und Stellen für sie zu schaffen. Nachdem er die Leitung der Sprachenschule übernommen hatte, versuchte er diese Probleme zu lösen, indem er die Qualität der Publikationen kontrollierte, die in die staatliche Druckerei Būlāq weitergeleitet wurden.

Es wurde ein dreistufiger Prozess eingeführt:

1. Zuerst wurde das Lehrmaterial übersetzt, in Absprache mit dem fachlichen Supervisor. Dieser musste den Inhalt und die Korrektheit in fachlicher Hinsicht abnehmen. Anfangs waren oft noch Europäer die Supervisoren, manchmal auch Araber, die schon lange Erfahrungen in einem Fachgebiet hatten. Vieles an Lehrmaterial wurde so als Skript zur Verwendung unmittelbar im Unterricht hergestellt.
2. Sollte das Material veröffentlicht werden, wurde ein Redakteur, *muḥarrir,* bestimmt, der vor allem „die Vereinbarkeit der Terminologie und Wortwahl mit den Normen der arabischen Hochsprache überprüft […].“ (Stowasser 1988: 310)
3. Ein Revisor oder Korrektor, *muṣaḥḥiḥ*, der den gesamten Text hinsichtlich der Korrektheit im Hocharabischen durchsieht und verantwortet.

Ahmad El Shamsy beschreibt die Einführung und Bedeutung des Begriffes:

> The term *muṣaḥḥiḥ* as an occupational designation seems to have entered use alongside the adoption of print. It is tempting to see it as a simple translation of the European occupational title of corrector […]. However, the term has its roots in Arabic written culture of manuscript age: the verb „to correct“ (*ṣaḥḥaḥa*) and the related verbal noun (*taṣḥīḥ*) are classical terms used for the task of weeding out mistakes from manuscript copies.[…] It is important to remember that correctors in the age of print were not independent scholars but rather employees of

> the press who carried out necessary steps in the printing of any book, whether a classical or contemporary Arabic work or a translation from another language. The task of the corrector was primarily one of proofreading. (2020: 81)

Für diese Positionen, Redakteur und Korrektor, wurden häufig Absolventen der Azhar eingesetzt, denn sie waren die einzigen, die die sprachlichen und bildungsmäßigen Voraussetzungen dafür mitbrachten (Stowasser 1988: 310). Die Stellen der Supervisoren wurden sukzessive mit Ägyptern besetzt, da mehr und mehr arabische Studenten von den Studienmissionen zurückkehrten und die entsprechenden Fachkenntnisse erworben hatten. Da ab den 30er Jahren sehr viele Übersetzungen angefertigt wurden, entstand hier ein aufstrebender Wirtschaftszweig, der viele Personen beschäftigte, die in die translatorische Produktion eingebunden waren. Alle diese Aktivitäten waren, jedenfalls zur Zeit Muhammad Alis, staatlich gefördert. Die Abnehmer waren die vielen neuen Schulen bzw. deren Lehrende und Schüler: Translation wurde eine profitable Tätigkeit.

Khoury (1971: 5–6) merkt an, dass viele Übersetzungen unauffindbar bleiben, weil es keine Depots oder Kataloge oder Regelungen gegeben habe, etwa Belegexemplare zu archivieren. Das hat damit zu tun, dass manchmal die Autoren der übersetzten Werke nicht genannt werden oder die Übersetzer:[69]

> An examination of several hundred Arabic printed texts during the long nineteenth century offers an interesting, yet fluid and inconsistent picture of the importance of the authors' names. Generally, I found many texts published anonymously. On the other side of the scale – though far fewer in number – are texts that identify not one but several participants involved in their making. (Khayat 2019: 427)

69 Khayat (2019: 428) nennt vorwiegend drei Gründe für die Anonymität von Autoren und Übersetzern: die Umgehung der osmanischen Zensur, Frauen, die nicht genannt werden wollten, Primat des Autors über den Übersetzer.

Skripten oder Übersetzungen von Texten, die in den neuen Schulen eingesetzt wurden, sind oft nicht mehr auffindbar, außer sie sind in Verlagslisten verzeichnet. Der Verlag *Būlāq* ist allerdings eine Ausnahme, denn dort sind die Angaben zu den Beteiligten einer Translation in der Regel angegeben:

> Multiple participants are mostly found in acknowledged translations […] or when another individual's assistance is appreciated and recognized, as was often the case in early Bulaq publications. During the first half of the century, books printed by the Bulaq press in Cairo […] generally offered quite detailed information. This includes the name of the Arabic translator or the author; the source language (or title) of the work; the identity of the proofreader (s), supervisor, or initiatior […] (Khayat 2019: 428)

Khoury erstellte auf der Grundlage der Übersetzungen, die im *Būlāq* oder anderen Verlagen nachweislich publiziert wurden, eine Liste der Translationen aus unterschiedlichen Fachbereichen. Der Zeitraum reicht von 1821, als der Verlag *Būlāq* gegründet wurde, bis zum ersten Weltkrieg. Die unterschiedlichen Fachgebiete der übersetzten Texte fächern sich wie folgt auf:

Fächer/Gebiete	Zahl	Gesamt
Medizin, inkl. Veterinärmedizin	125	
Naturwissenschaften	145	
Belletristik davon Romane	200 120	
Philosophie, Soziologie, Pädagogik	160	
Geografie, Archäologie, Geschichte	82	
		712

Tab. 2: Translationen nach Fachbereichen. Quelle: Darstellung erstellt von Verfasserin nach Khoury (1971)

El Shamsy zählt zwischen 1822 bis 1842 mindestens 300 Titel.

> In terms of subject matter, the published books fell largely into the categories of military sciences, medicine, mathematics, and similar technical subjects, and they were often translations of works originally written in French and other European languages. These works were intended to serve as textbooks for an emerging military and bureaucratic class that would form the bedrock of the Egyptian state (2020: 67).

Nicole Khayat (2019: 427) erarbeitete eine Liste, die die Anzahl der übersetzten Bücher auflistet, die aus unterschiedlichen europäischen Sprachen in Ägypten übersetzt wurden.[70]

Books translated from Western European languages into Arabic and published in Egypt (table adjusted from Nusayr 1994, 276).

	French	Italian	English	German	Total
1820s	6	3			9
1830s	67	1	1		69
1840s	87		3		90
1850s	35		3		38
1860s	37	3	11		51
1870s	55	1	18		74
1880s	43		44	2	89
1890s	84		85	2	171
Total	414	8	165	4	591

Tab. 3: Aus europäischen Sprachen ins Arabische übersetzte Bücher. Quelle: Khayat (2019)

Auffallend ist die Verzehnfachung der Übersetzungen aus dem Französischen von 1820 bis 1830 und eine weitere Steigerung um ein Drittel in den darauf-

70 Khayat bezieht mehrere Verlage ein. Daher sind die Zahlen von El Shamsy, Khoury und Khayat für sich aussagekräftig, jedoch ist es schwierig durch einen Vergleich weitere Schlussfolgerungen zu ziehen, da z. B. El Shamsy sich auf alle Publikationen bezieht, Khayat und Khoury tatsächlich nur Translationen nennen.

folgenden 10 Jahren. Der Rückgang der Anzahl der Translationen um 1850 dürfte in der Abkehr von der Öffnungspolitik Muhammad Alis begründet liegen, die sein Nachfolger ʿAbbās vornahm. Auch wenn dessen Nachfolger, Muḥammad Saʿīd, die Politik Muhammad Alis wiederaufnahm, so ist eine so hohe Zahl an Übersetzungen nicht mehr zustande gekommen. Die Zunahme der Translationen aus dem Englischen fällt mit dem verstärkten Einfluss Englands zusammen, insbesondere nach der Zerschlagung der ʿUrābī-Revolution, *aṯ-ṯaura al-ʿurābīya,* 1880. Danach blieben zwar die formalen staatlichen Strukturen in Ägypten erhalten, die Engländer übten jedoch de facto die Macht in Ägypten aus.

4.4 Die Sprachenschule In Kairo (1837–1849)

1837 übernahm aṭ-Ṭahṭāwī die Leitung der Sprachenschule, der *madrasat al-alsun.*[71] Khoury weist darauf hin, dass dies ein völlig neuer, innovativer Weg gewesen sei, denn es habe die Aktivitäten gebündelt. Aṭ-Ṭahṭāwī führte von Anfang an ein Curriculum ein, das seine Strategie zeigt: Die Schüler sollten zusätzlich zur Vermittlung der Sprachkenntnisse auch solide Grundkenntnisse in unterschiedlichen Bereichen, u. a. Mathematik, Geografie, Geschichte erlernen. „This syllabus suggests that Rifa'ah's school was the only one in which the studies were arranged so that the students could acquire a general education which was not necessarily dependent on military requirements" (Heyworth-Dunne 1939: 966). Es ging ihm jedoch nicht allein um die Grundausbildung, sondern um die Erlernung der Fachtermini. Er hat somit das Studium der Sprachen um das der Fachsprachen erweitert. Er selbst wusste um die enormen Schwierigkeiten der Termini und ging diese Herausforderung nun strukturell an. Er führte Französisch, Englisch, Italienisch, Türkisch und Arabisch als Sprachen ein, dabei hatte er europäische Lehrer unter Vertrag genommen.

71 Sie hatte eine Vorgängerversion, die *madrasat at-tarǧama*, die „Schule der Übersetzung", die im Juni 1836 gegründet wurde (Heyworth-Dunne 1939: 966). Vermutlich wurde sie in „Sprachenschule" umbenannt, weil dieser Begriff den Fokus auf die Grundausbildung legte.

Als die Regierung 1842 unterschiedliche Schulreformen durchführte, ergriff aṭ-Ṭahṭāwī die Gelegenheit, und übernahm weitere Ausbildungssequenzen, teilweise aus Schulen, die geschlossen worden waren. Es kamen somit eine Schule für islamisches Recht und Rechtswissenschaft sowie eine Schule für Buchhaltungswesen hinzu.

> Here, for the first time, a useful combination of subjects was taught whereby the students could learn both Islamic and European branches of learning. The advantage was obvious; a student could still learn French, history, and mathematics without losing touch with his own culture. The greatest drawback of modern education in Moslem countries is the fact that the curricula of Western schools have been slavishly copied and the native learning and culture have been allowed to drop into the background. Rifa'ah appears to have considered this aspect of modern education in Egypt. (Heyworth-Dunne 1939: 96)

Aṭ-Ṭahṭāwī selbst unterrichtete lange Jahre Französisch, aber auch Arabisch, wobei er auf seine eigene Ausbildung als Azhari zurückgreifen konnte. Für die islamischen Fächer stellte er Lehrer der Azhar eingestellt, einige auch aus seiner eigenen Familie, die ja hohe Funktionen an der Azhar einnahmen. Außerdem konnte er der Familie so etwas zurückgeben, die ihn gefördert hatte, als sein Vater es nicht mehr konnte.

Gran meint, aṭ-Ṭahṭāwīs Ziel sei es gewesen, dass aus der Sprachenschule eine Universität entstünde. Dies war dann auch der Fall, allerdings sehr viel später, denn die heutige Sprachenfakultät der 'Ayn Shams Universität in Kairo geht direkt auf diese Sprachenschule zurück (Gran 2002: 7). Ein weiterer Grund für die Einführung dieses Fächerkanons war der Tatsache geschuldet, dass die Schulbildung im damaligen Ägypten im Aufbau war und die Allgemeinbildung der Studenten teilweise nicht ausreichte, um ein Grundverständnis der unterschiedlichen Themen und Fächer zu entwickeln, die sie später auch übersetzen sollten. Wichtig war auch, dass es zusätzlich zu europäischen Sprachen möglich war, Türkisch zu lernen, attraktiv für arabische und andere Muttersprachler, wenn sie eine Karriere in der Staatsverwaltung unter Muhammad Ali anstrebten, denn dort war das Türkische die Verwaltungssprache.

So lösten sich bisherige Ausschlusskriterien für zukünftige Staatsbedienstete auf. Dies zeigt, dass aṭ-Ṭahṭāwī das bestehende System nicht nur weiterführte, sondern reformierte, indem er auf einer Allgemeinbildung bestand. Die militärische Grundausbildung blieb erhalten.

Aṭ-Ṭahṭāwī wählte Schüler unterschiedlicher Regierungsschulen im Alter zwischen vierzehn und achtzehn Jahren aus. Die erste Kohorte kam fast vollständig aus Oberägypten, seiner Heimatregion, andere aus umliegenden Dörfern Kairos (Hill 2019: 51). Gleichzeitig schuf er auf diese Weise systematisch ein Netzwerk aus Schülern und späteren Lehrern, auf das er zurückgreifen konnte. Die Tatsache, dass der Unterricht damals lehrerzentriert und entlang patriarchalisch-autoritärer Linien verlief, stützte dieses Unterfangen. Die Lehrenden wurden zwar vom Staat bezahlt, jedoch wählte er sie persönlich aus. Er verfügte über die Möglichkeit, die zugewiesenen Stellen an Personen seiner Wahl zu vergeben. Er setzte auf Können, nicht auf soziale Herkunft oder Stellung, was de facto bedeutete, dass er Schüler oder Studenten aus benachteiligten Regionen oder Familien aufnehmen konnte. So gesehen verwirklichte er einen gewissen „Gleichheitsgrundsatz." „People's ranks (rutab) are valued according to their knowledge (ma'arif), not their finery (zakharif); nor their inherited or newly acquired possessions" (Abu al-Suud, zitiert nach Hill 2019: 54). Dies war die Essenz seiner eigenen Erfahrungen, dass er nicht dazu gehörte, weil er Araber und verarmt war und von muslimischen Altvorderen abstammte: Keines dieser Kennzeichen war zu seiner Zeit einer großen Staatskarriere förderlich. Er war Optimist mit einem unerschütterlichen Fortschrittsglauben. Er war der festen Überzeugung, dass eine gute qualifizierte Ausbildung, die Talente fördert, das Land für die notwendigen Veränderungen vorbereiten würde. Die jährlichen Jahrgangsprüfungen an der Sprachenschule waren öffentlich: So hatte er es in Paris gelernt. Er lud in der Gesellschaft bekannte Persönlichkeiten und hohe staatliche Beamte ein, sowie die Schulleiter der Schulen, aus denen er Schüler rekrutiert hatte. Ein Prüfungskomitee prüfte am „Examination Day". Die besten Studenten blieben als Lehrer an der Sprachenschule.

Eine relativ kleine Zahl von Translatoren arbeitete an Übersetzungen, die in der Zeit von 1836 bis zum Tod Muhammad Alis bzw. bis zur Schließung der Schule gedruckt wurden (Hill 2019: 54). Die Übersetzungen aus dem Französischen bezogen sich größtenteils auf die geforderten Lehrwerke für den Unterricht an den neuen Schulen, aber auch Reiseerzählungen über Amerika und Indien wurden herausgegeben. Aṭ-Ṭahṭāwī arbeitete nicht mehr so viel als Übersetzer und wenn, dann blieb der Bereich der Geografie seine Domäne (Hill 2019: 54). Er initiierte viele Translationen und arbeitete auch als Revisor, für jene Werke, die von der Sprachenschule zum Druck in die Druckerei *Būlāq* gingen.

Übersetzt wurde in einem Stufensystem: Bücher wurden auf Übersetzer aufgeteilt, denen eine bestimmte Zeit für die Übersetzung gegeben wurde. Die Korrektoren fügten die Einzelfassungen zusammen. Sie hatten auch die Zuständigkeit für das übliche Vorwort, in dem – ähnlich wie beim *Paris-Bericht* – der *wālī* gelobt und in höchsten Tönen für alles Erdenkliche, was er Gutes getan hatte, gepriesen wurde. Selbstverständlich gehörte dazu die ägyptische Erziehung, und das Übersetzungsprogramm. Vor dem Druck lagen die Texte wieder bei aṭ-Ṭahṭāwī, dem Chef-Revisor, der die letzten Korrekturen zusammen mit dem Cheflektor des Bulaq Verlages vornahm (Hill 2019: 54). Einige Bücher hat aṭ-Ṭahṭāwī selbst zur Translation vorgeschlagen, aus der Staatskanzlei wurden ihm Bücherlisten zur Übersetzung übermittelt.

Die Leserschaft dieser Bücher bestand aus drei Gruppen:

- den Studenten an den „new schools“, die unter Muhammad Ali geschaffen worden waren,
- den Beamten, die aufgefordert wurden, diese Bücher, die größtenteils auch ins Osmanisch-Türkische übersetzt wurden, für ihr Personal zu bestellen,
- den Leserinnen und Lesern, die sich für die neuen Themen und Fachbücher interessierten und das Geld besaßen, sich diese Literatur zu kaufen. Das waren allerdings wenige. Denn erst mit der verbesserten Schulausbildung und dem Aufkommen von Zeitschriften und aus europäischen Sprachen übersetzten Romanen vergrößerte sich die Leserschaft. Die Religionsgelehrten der *Azhar* gehörten nicht unbedingt zur Leserschaft dazu, weil sie diesem Modernisierungsprojekt misstrauten, in dem sie ja nicht wirklich eine führende oder geschätzte Rolle spielten.

Zusätzlich zu dieser Sprachenschule gab es Translatorenteams, die an Fachschulen tätig waren und dort Fachübersetzungen angefertigten, vor allem in der Medizin, im Ingenieurwesen und in den Militärwissenschaften (Hill 2019: 56). Aṭ-Ṭahṭāwī wurde wohl als Pionier eine gewisse Freiheit zugestanden, die Themenauswahl zu steuern.

Als aṭ-Ṭahṭāwī in den Sudan ins Exil geschickt wurde, hatte die Sprachenschule so viele Absolventen hervorgebracht, dass diese im mittleren Segment der ägyptischen Bürokratie bereits viele Positionen einnehmen konnten. Ein Schüler aṭ-Ṭahṭāwīs, Maǧdi, zählte 64 Absolventen auf. Diese waren weit verstreut und einige sehr einflussreich:

> Around a quarter [von den 64, Anm. Verf.] had followed directly in Tahtawis footsteps, as teachers, members of the Translation Bureau, or officials in the Ministry of Education, of these, half were school headmasters or high officials. One would become Minister of Information and Waqfs; […] Nearly a fifth, meanwhile, were translators to various government ministries and departments (Hill 2019: 58).

Viele fanden Arbeit in unterschiedlichen Übersetzungsabteilungen in der Verwaltung.

Zusammenfassend kann gesagt werden, dass es aṭ-Ṭahṭāwī gelang, in der Institution der Sprachenschule die Ausbildungsideen und -konzepte, wie er sie in Frankreich gelernt hatte, in die Reformprozesse Muhammad Alis einzupassen und der Tätigkeit der Translation ein angemessenes Prestige zu verschaffen. Er schuf einen neuen Schultyp, der zuerst ein breites Allgemeinwissen und dann Fachwissen mit dem Spracherwerb verband. Bedeutsam ist, dass ihm eine Synthese gelang, indem er die französischen und klassisch-muslimischen Curricula, wie sie an der Azhar gelehrt wurden, miteinander verband. So integrierte er das Fremde in das Eigene. Er verwob diejenigen Ausbildungselemente, die er durchlaufen hatte, mit eigenen kulturell-religiösen Lehrinhalten. Gleichzeitig ließ er die Inhalte aus den Natur- und Geisteswissenschaften, die er in Paris studiert hatte, unterrichten. Das ist ein Ergebnis seines Habitus, der Regeln und der Sozialisation, die er seit seiner Kindheit verinnerlichte und in der Zeit an der Azhar als Gruppenzugehöriger mit sozialem Kapital verbinden konnte. Der Habitus bedeutete auch, dass er gegenüber dieser Ausbildung eine eigene Wertschätzung entwickelt hatte, die er weitergeben wollte. „Habitus as a result of his or her practice. Habitus that is constructed while the cultures involved encounter one another during the transfer process“ (Osman 2012: 44). Für ihn liegt das Beste da, wo er seine eigenen Ansätze mit Neuem verbessern kann. So liegt in diesem Schnittpunkt der Grund für den großen Erfolg der Sprachenschule und ihr hohes Ansehen: Nicht das Neue allein hatte Wert, sondern die Kombination des Bestehenden, der Tradition, mit dem Neuen und umgekehrt. Das bedeutete für ihn Reform und das war sein Ziel. Es ist sein Verdienst erkannt zu haben, dass zu seiner Zeit nur beides erfolgreich sein konnte, wollte er gesellschaftlich integrativ wirken.

4.5 Translatorischer Habitus aṭ-Ṭahṭāwīs

Jean Marc Gouanvic (2005: 159) schreibt in seinen Ausführungen zur Theorie der Translation bei Bourdieu, dass unterschiedliche individuelle soziale Entwicklungen („social trajectories“), die ein Translator in seinem Leben erlebt habe, seinen „literary taste“ bestimmten.[72] Ebenso legt er dar, dass für eben diese Vorliebe auch ein „autonomes Feld“ vorhanden sein müsse bzw. dieses verstärkt würde, es müsse demnach eine Interdependenz bestehen. Bourdieu definiert Habitus „[…] als System von Dispositionen, die im Alltagsleben als Denk-, Wahrnehmungs- und Beurteilungsschemata fungieren“ (Müller 2014: 37 ff.). Diese Dispositionen können sich – je nach sozialem Kontext und Möglichkeiten – in unterschiedlichen Handlungsweisen zeigen, wenn bestimmte Denkweisen handlungswirksam sind oder werden. Wenn der Habitus ‚sozialisierte Subjektivität‘ (Müller 2014: 38) ist, dann soll hier die Sozialisation und Ausbildung aṭ-Ṭahṭāwīs nachgezeichnet werden, um so die wesentlichen Parameter und Wertebegriffe herauszuarbeiten, mit denen der 25jährige Imam die völlig neue Pariser Welt erfasst und seine Eindrücke und Beobachtungen reflektiert und niedergeschrieben hat.

72 Gouanvic illustriert diesen Gedanken an den Translatoren Maurice-Edgar Coindreau, Marcel Duhamel und Boris Vian. Vgl. ibid. 159–161.

Was prägte ihn?

Vor allem einmal, dass er ein männlicher Nachkomme einer Familie von Imamen und Religionsgelehrten war. Daraus folgten zwei Dinge: Erstens war nur Jungen (oder jungen Männern) eine Ausbildung außer Haus vergönnt. Im Ägypten des 19. Jahrhunderts war das Geschlecht Auswahl- bzw. Ausschlusskriterium für eine Ausbildung.[73] Zweitens stellte die Abstammung und Zugehörigkeit zu einer Scherifenfamilie für aṭ-Ṭahṭāwī ein weiteres eindeutiges Identitätsmerkmal dar. Zwei Dinge waren ihm dabei wichtig: die „reine" Abstammung, d. h. die Blutsverwandtschaft, die auf den Propheten zurückgeführt werden kann. Dies bedeutet Prestige, symbolisches Kapital, das sozial positiv wahrgenommen wird – in einer noch extrem stark geprägten muslimischen Gesellschaft.

Dies verstärkt sich signifikant, wenn sich zum symbolischen Kapital gleichzeitig kulturelles Kapital addiert. Dieses bestand darin, dass die Familie Kulturgüter und über Generationen weitergegebenes Wissen besaß: Seinem Großvater gehörte eine Moschee, die männlichen Familienmitglieder waren Imame, Religionsgelehrte oder Richter. Sie „vererbten" über Generationen muslimische Kultur und tradierten religiöses Wissen. Diese Faktoren zusammengenommen formten seine Identität, die ihm von klein auf selbstverständlich mitgegeben wurde: In eine Schicht hineingeboren, die sich durch ein Maximum an Distinguiertheit – die Abstammung vom Propheten – und die Ausübung religiöser Berufe konstituierte. Steuerpacht war die ökonomische Grundlage. Bis zur Enteignung seines Vaters war die Familie reich, sie verfügte über ökonomisches Kapital. Aṭ-Ṭahṭāwī machte dann die Erfahrung, dass das soziale Kapital seiner Familie und deren Netzwerke ihn auffingen, denn sie ermöglichten ihm die Aufnahme an die Azhar. Dies war die einzige

73 Reiche Familien ließen ihren Töchtern ebenfalls eine Erziehung zukommen. Dies geschah in den meisten Fällen durch Privatlehrer im eigenen Haus. Günther (2016: 225) erwähnt, dass Frauen auch in den gesellschaftlichen Bildungsprozess involviert waren, teilweise als Kopistinnen oder Poetinnen. Die Tradition, muslimische Mädchen nicht in Schulen oder Akademien auszubilden, kritisierte aṭ-Ṭahṭāwī: Die Freiheiten der Französinnen sah er als eine gesellschaftliche Bereicherung und nicht als Bedrohung der Sitten. In seinem 1872 erschienenen Buch *al-Murshid al-amīn lil-banāt wa-al-banīn*, übersetzt *Der ehrliche Leitfaden für (die Erziehung) von Mädchen und Jungen*, widerspricht er der Meinung, dass Schulbildung für Mädchen aus religiösen Gründen verboten sei.

Möglichkeit für ihn, in den Berufsstand des Imams und Gelehrten zu gelangen und sich eigenständige Kontakte aufzubauen. Mit al-ʻAṭṭār, seinem Lehrer und späteren Mentor, verband ihn eine lebenslange intensive Freundschaft, al-ʻAṭṭār war sein teuerstes soziales Kapital. Umgekehrt galt das genauso, denn wenn der Zögling einen solchen Erfolg hat, dann kann der Meister und Mentor nicht geirrt haben, dies spricht auch für ihn. Aṭ-Ṭahṭāwī wurde so für al-ʻAṭṭār zu sozialem Kapital und – in diesem Falle – zu seinem politischen Erfolg bei Muhammad Ali. Die Verflechtungen waren immanent.

Seine Erziehung begann in der Koranschule, der *kuttāb* oder *maktab*, dem Ort für Schreiber. In der Regel begannen die Kinder im Alter zwischen sechs und sieben ihre Elementarausbildung. Aṭ-Ṭahṭāwī besuchte schon früh die Moschee, weil sein Vater Imam war. Die Kinder sollten die korrekte Rezitation des Koran, sowie möglichst viele Suren auswendig lernen. (Günther 2016: 216). Es ist ein Auswendiglernen, das gesellschaftlich einen hohen Stellenwert hatte: Kinder werden bei Feierlichkeiten gebeten zu rezitieren und erhalten Anerkennung und Geschenke, wenn sie diese Aufgabe gut erfüllen. Weiterhin stehen Lesen und Schreiben sowie Rechnen auf dem Stundenplan. Sie lernten auch die arabische Grammatik und lasen altarabische Dichtung, historische Berichte und moralische Erbauungstexte (Günther 2016: 216). Danach begann die eigentliche Ausbildung zu einem Beruf.

Zu jener Zeit, im Jahr 1817, bestand die Ausbildung zum Imam darin, dass der Student den klassischen Fächerkanon studierte: Islamisches Recht, Rechtswissenschaft und die unterschiedlichen Rechtsschulen (*uṣūl al-fiqh*), Koranexegese, prophetische Traditionen (*sunna*) und islamische Geschichte, teilweise auch mathematische Fächer. Teil des Curriculums war weiterhin ein intensives Studium der arabischen Sprache, einschließlich der Grammatiker (Linguisten) und der Philosophie, vor allem wurde auch Logik studiert, um das Denken und den sprachlichen Ausdruck zu schärfen (Günther 2004: 642; Günther 2016: 215). Das Studium an der Azhar jener Zeit war lehrerzentriert: der Gelehrte leitete den Unterricht in relativ kleinen, überschaubaren Gruppen, seine Schüler kannte er gut und die Besten förderte er. Oft verhalf er ihnen zu ihren ersten beruflichen Positionen, da er über entsprechende Netzwerke verfügte. Das Ende des Studiums entschied de facto der Lehrer dadurch, dass er es für beendet erklärte, weil der Student die Literatur des Faches oder mehrerer

Fächer beherrscht. Er stellte ihm eine *iğāza*, genauer eine *iğāza 'ilmīya*[74] aus, die „wissensbezogene *iğāza*" (Lohlker 2011: 43). Dies entspricht formal einer Lehrbefugnis für bestimmte Fächer oder Teilfächer oder einer bestimmten beruflichen Tätigkeit.

Jedoch hat die Verleihung der *iğāza* im Kontext islamisch geprägter Kulturen eine weitere Funktion: es ist ein Weg, symbolisches Kapital zu akkumulieren (Lohlker 2011: 39). Dies geschieht insbesondere dann, wenn jemand im System die (teils jahrelangen) Prozesse der Aneignung von Wissen durchläuft, wobei dann das symbolische Kapital sich in soziales und ökonomisches oder kulturelles Kapital transformieren kann (Lohlker 2011: 44). Nicht unwichtig für das Ansehen des Schülers ist, welche Stellung der Gelehrte im Kreis seiner islamischen Kollegen einnimmt: Aṭ-Ṭahṭāwī erhielt seine *iğāza*, eine Lehrbefugnis von al-'Aṭṭār, einem liberalen Gelehrten, der bei seinen konservativen Kollegen sehr umstritten war. Entscheidend für die Karriere aṭ-Ṭahṭāwīs war, dass al-'Aṭṭār ein glühender Verfechter der Reformen des Erziehungswesens Muhammad Alis war. Deshalb konnte er seinen Schüler nominieren und so begann die Karriere aṭ-Ṭahṭāwīs: er hätte sonst genau wegen seines symbolischen und kulturellen Kapitals, wohl kaum eine Chance bekommen. Denn im Grunde genommen gehörte er jener Gesellschaftsschicht an, die Muhammad Ali entmachtet hatte und denen er misstrauisch gegenüberstand. Nachdem er die *madrasa* und das Studium an der Azhar absolviert hatte, war er ein Gelehrter, *'ālim*, einer, der Wissen erwarb und es qua *iğāza*, also Befugnis weitergeben konnte, und er war Imam, Seelsorger und Vorbeter, das war sein berufliches Betätigungsfeld.

Dazu kam noch ein weiterer wichtiger Faktor, der das Selbstverständnis aṭ-Ṭahṭāwīs bestimmte: der humanistische Anspruch von Bildung und Verhaltensethik im Islam. Dieser drückt sich seit dem Mittelalter im Konzept der

74 Lohlker (2011) unterscheidet vier unterschiedliche Arten der *iğāza*. Da aṭ-Ṭahṭāwī durch seine Reise nach Paris aus dem „System al-Azhar" ausgestiegen ist, sind die anderen Arten nicht relevant. Interessant ist allerdings, dass ein Gelehrter, der mehrere Arten von *iğāzāt* erworben hat, entsprechend hoch angesehen und vernetzt ist, denn jede *iğāza* ist wie ein Eintrittsticket in die Welt desjenigen, der sie vergeben hat. Für weitere Studien wäre es sicherlich hilfreich zu erforschen, welche *iğāza* wofür und von wem innerhalb seiner Familie vergeben wurde. Dies gäbe Einblicke in die Netzwerke und relevante Machtkonstellationen.

adab aus, einer Kombination aus „intellektueller Bildung und moralischer Lebensführung“ (Günther 2016: 220). Ein *adīb* hatte einen Habitus, der einem humanistischen Wertekanon verpflichtet war und seine Handlungsoptionen bestimmte. Dieses Selbstverständnis ist gleichsam der gemeinsame Code, den er mit den anderen Akteuren an der Azhar teilt. In diesem Sinne ist die Auswahl der Texte zu verstehen und die Art, wie er Sachverhalte und Informationen im *Paris-Bericht* erklärt. Er beschreibt durch sein Brennglas die Ereignisse um die Revolution von 1830. Die Texte, die er „erklärend“ übersetzt hat, sind Ergebnis dieser Sozialisierung oder Habitualisierung.

Didaktisch aufbereitet waren teilweise diejenigen Texte, deren Skopos genau darauf ausgerichtet war: Skripten für den unmittelbaren Einsatz im Unterricht. Die Freiheit so zu agieren war damals nicht außergewöhnlich, wie Khoury an anderer Stelle ausgeführt hat. Sein Selbstverständnis als *adīb* machte es für ihn noch einfacher: Es war seine Rolle, Themen verständlich und mit einer Beurteilung weiterzugeben und zu entscheiden, was wichtig und richtig ist. Ghada Osman beschreibt diese Übersetzungsmethode bei Hunain ibn Ishaq als „ad sensum approach“ (2012: 50), denn die Übersetzung solle klar und präzise sein. Beide Übersetzer wollten – neben ihren Auftraggebern, sei es der *wālī* oder der Kalif oder private Sponsoren – auch ihren Schülern das Verständnis eröffnen, denn diese waren es in Folge, die die Glossare zur jeweiligen Terminologie erstellen halfen. Ebenso sollte auch eine sich langsam herausbildende größere Leserschaft bedient werden: denn im islamischen Verständnis hatte Bildung einen hohen Stellenwert, und genau dieses Verständnis wäre eine ideale Voraussetzung für eine moderne Gesellschaft, wenn deren Errungenschaften entsprechend zur Verfügung gestellt würden. So war die Didaktisierung des wissenschaftlichen Materials auch einem neuen Publikum geschuldet, das erreicht werden sollte.

> Starting with the Renaissance, but since the seventeenth and eighteenth centuries in particular, this democratization of knowledge and ever-expanding readership has given scientific and technical translation a didactic dimension. (Woodward & Delisle 2012: 97)

Interessant dabei ist, dass dieses Bildungsverständnis sich auf das Verständnis von Literatur auswirken konnte: denn *adab* steht auch für diejenige Literatur, die dieser Bildungsethik entspricht, einerseits unterhaltsam, andererseits (moralisch) unterweisend. Günther (2016: 220) meint, der deutsche Begriff „schöngeistige Literatur" sei eine passende Entsprechung für diese Kategorie. Somit kann ein Gelehrter und *adīb* nicht nur entscheiden, was er auswählt und dem Publikum präsentiert, es wird sogar von ihm erwartet, dass er es tut, es ist Teil seiner Rolle. Aṭ-Ṭahṭāwī hat diese Rolle als Translator nicht abgelegt, sein durch erworbene Erfahrungen generierter Habitus bestimmte die Einschätzung der Bewertungskategorien.

Habitus entsteht unter anderem durch Dispositionen, die verstärkt werden können, je nachdem, wann und wo sie sich auswirken können oder gefördert werden. Im *Paris-Bericht* fällt auf, dass an vielen Stellen Gedichte eingestreut sind, manche von aṭ-Ṭahṭāwī selbst, manche von unterschiedlichen bekannten und weniger bekannten arabischen Dichtern. Dies war sicherlich auch dem Schreibstil seiner Zeit geschuldet, es zeigte aber auch eine sehr große Neigung zu Dichtkunst. Er mochte Reimdichtung und Prosodie. Er war sehr belesen, wie die Auswahl der Gedichte im *Paris-Bericht* zeigt. Sein Lehrer, al-ʿAṭṭār, hatte ebenfalls eine Vorliebe für arabische Dichtkunst, es ist wahrscheinlich, dass dies beide verbunden hat. So verwundert es nicht, dass sein „Übungstext" für seine erste Übersetzung ein Text in Reimlyrik ist: seine Nachdichtung der Dithyramben von Joseph Élie Agoubs *La lyre brisée* wurde seine erste Publikation in Paris. Jomard beendete diesen Ausflug, indem er ihm Textskripten wissenschaftlicher Texte aus der Ägypten-Expedition zur Übersetzung vorlegte. Nur ein weiteres Mal, viel später, verfasste er wieder Texte in melodischen Reimen, als er den *Télémaque* von Fénélon übersetzte.

So ist der Habitus in seinen Ausprägungen für die Übersetzungstätigkeit und sein Wirken insgesamt eine wichtige Komponente: Er hat eine strukturierende Funktion als ein Produkt der Lebensbedingungen aus Erziehung und Sozialisation. Dadurch entstanden Codes, die ihn mit anderen verbinden, die zur gleichen Gruppe gehören. Erworbene Wahrnehmungs- und Beurteilungsschemata werden somit geteilt und stellen individuelles soziales Kapital, aber auch soziales Kapital der Gruppe dar.

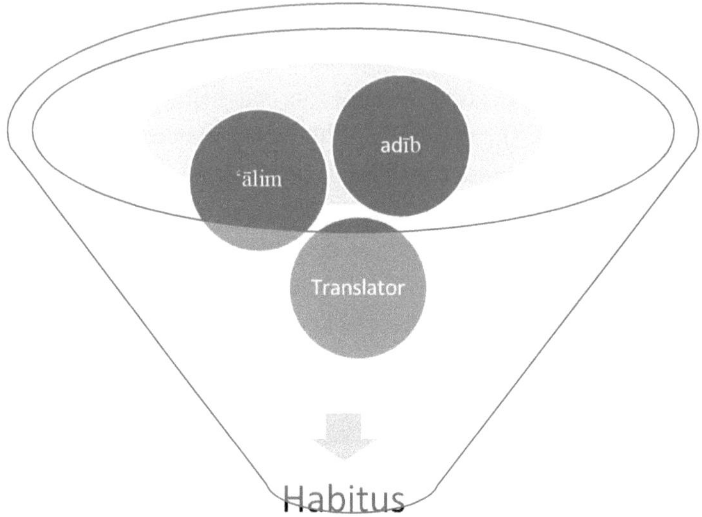

Abb. 3: Die Konstituenten des Habitus aṭ-Ṭahṭāwīs. Quelle: Darstellung von der Verfasserin

4.6 Die sozio-linguistische Umgebung

Für aṭ-Ṭahṭāwī war die Kunst der Übersetzung eine schwierige Kunst. Er zählt sie als fünfzehntes erstrebenswertes Wissensgebiet auf[75]:

> Die Kunst der Übersetzung, das heißt der Übersetzung von Büchern. Sie ist eine der schwierigsten Künste, vor allem die Übersetzung wissenschaftlicher Werke, denn diese erfordert die genaue Kenntnis der

75 „Diese Fachbereiche sind in Ägypten entweder nur in unbedeutendem Maße entwickelt oder überhaupt nicht existent" (19). Die Fachwissenschaften 1–14 sind zusammengefasst in aṭ-Ṭahṭāwīs Reihenfolge: 1. Zivilverwaltung (Natur- und Völkerrecht, positives Recht) 2. Militär- und Heereswesen 3. Navigationskunst und Marinewesen 4. Diplomatie (Kenntnis fremder Sprachen) 5. Wasserbaukunst (Brunnen, Deiche) 6. Maschinenbau und Mechanik 7. Pionierwesen und Festungsbau 8. Artilleriewesen 9. Metallgießerei (Herstellung von Kanonen) 10. Chemie und Papiererzeugung 11. Medizin, einschl. Veterinärmedizin 12. Landwirtschaft 13. Naturgeschichte 14. Graphische Kunst, Buchdruckerkunst 15. Übersetzen (19–20).

> Terminologie, wie sie in den theoretischen Grundlagen der zu übersetzenden Wissenschaften verwendet wird. (20)

Sie erfordere drei Fertigkeiten: Sprachgefühl in der fremden und in der arabischen Sprache sowie Fachkenntnis des jeweiligen Inhalts, der übersetzt werden solle. Daher kritisiert aṭ-Ṭahṭāwī den Mangel an Übersetzungswissen und -methoden. Je besser sich seine Lesefähigkeit im Französischen entwickelte, desto klarer wurde ihm, wie schwer es sein würde, im Arabischen für all die vielen neuen Informationen, Konzepte und Ideen der Naturwissenschaften, der Medizin und Technik lexikalische Entsprechungen zu finden bzw. zu entwickeln. Das Französische hatte bereits Begriffe und Fachvokabular entwickelt, das es im Arabischen so noch nicht gab. So stand er und später seine Schüler im Grunde erneut vor der Aufgabe, vor der die Übersetzer im 9. Jahrhundert standen:

> Translators also exercised their creativity when it came to producing appropriate terminology. The early Arabic translators were frequently obliged to use transliteration, partly because their command of Arabic was not always adequate, but also because the language itself had not yet acquired the necessary philosophical and scientific lexicon. When these early translations were revised – sometimes only a century later – transliterated terms were replaced with neologisms that were more in keeping with the morphological structures of Arabic. (Woodward & Delisle 2012: 108)

Was aṭ-Ṭahṭāwī jedoch von den frühen Übersetzern unterschied war, dass er wohl der Erste war,

> […] der das Neue in seiner ganzen Vielfalt in freier Formulierung zu beschreiben versucht, wobei er Dinge behandelt, die für einen Araber eindeutig in den Bereich der Umgangssprache gehören, aber dann auch wieder Themen, die ebenso eindeutig der Hochsprache vorbehalten sind. (Stowasser 1966: 27)

Somit bestand sowohl in der Formulierung von Sachverhalten aus seinem Pariser Alltag als auch aus der Wissenschaft ein Defizit, was er zu lösen versuchte. Dabei stand er im Grunde vor dem Problem der arabischen Diglossie, denn im arabischen Sprachgebrauch ist die als Kind erlernte Umgangssprache das Medium, in dem sich der arabische Muttersprachler sicher fühlt und ein umfassendes Sprachgefühl entwickelt hat. Die hocharabische Sprache erlernt der arabische Muttersprachler nur durch eine formelle Ausbildung. Die komplizierte Regelhaftigkeit der Syntax oder „Regeln" der Grammatik erlernt er nur durch höhere Bildung (Stowasser 1966: 28).

Aṭ-Ṭahṭāwī, dessen Ziel es war, dass mehr Muslime mehr Bildung erhalten sollten, begriff, dass er nur mit einer adäquaten und verständlichen Sprache mehr Menschen zu Bildung motivieren konnte. Ein breiteres Publikum konnte er nur erreichen, wenn er die Sprache an die Bedürfnisse und Kenntnisse seiner Zielgruppe anpasste (Stowasser 1966: 29). Somit blieben ihm zwei Alternativen: er konnte versuchen die Hochsprache anzupassen oder die Umgangssprache zu nutzen, weil sie ihm mehr Leser verschaffen würde. Die Hochsprache, die für ihn, den muslimischen Gelehrten, auch die „göttliche" Sprache war, nun zu adaptieren, hätte vorausgesetzt, dass er eine Distanz zur Hochsprache hätte. Das war aber nicht der Fall (Stowasser 1966: 28). Er war Praktiker mit Erfahrung im Einsatz der Umgangssprache: Denn als Militärprediger oder Lehrer an der Militärschule unterrichtete er Sachverhalte, wobei er umgangssprachliche Elemente nutzte, um sein Publikum zu erreichen.

Er schaffte das Kunststück, unter Nutzung der (morphologischen) Form der Hochsprache umgangssprachlich zu schreiben.[76] Es ist in etwa so, wie wenn in der Standardsprache zwar geschrieben wird, diese sich – liest man (laut) – in Umgangssprache (oder Dialekt) „verwandelt". So konnte er syntaktische, morphologische und lexikalische Innovationen und Anpassungen vornehmen. Er wurde zum Pionier, der die Sprache veränderte – wieder gemäß seinem Credo, dass Bildung Fortschritt schafft. Damit dieser Fortschritt ankommt, braucht es eine Sprache, die verstanden wird, sonst läuft die Reform ins Leere.

76 Vgl. die Auflistung von Beispielen bei Stowasser (1966: 30–31).

Ein Beispiel mag demonstrieren, wie er vorgegangen ist, wenn er Konzepte in seiner Sprache ausdrücken wollte, für die er in seiner politischen Kultur keinen Begriff vorfand:

> „It was, for instance, hard to find an Arabic equivalent for the European notion of ‚constitutional government'. In some translations, ‚constitutional monarchy' became malakiyya muqayyada (after the French monarchie limitées), i.e. a monarchy that was limited by laws, in the Middle East context almost a contradiction in terms." (Versteegh 2014: 212)

Das Beispiel zeigt, warum es aṭ-Ṭahṭāwī so wichtig war, die arabische Sprache ausdrucksfähig zu gestalten: Wenn die neuen Ideen oder Konzepte verstanden werden sollten, musste er in der arabischen Sprache ein Paradoxon schaffen, um eine ungewohnte Idee ausdrücken zu können. Seine häufigsten Mittel waren Calque-Schöpfungen oder Lehnwörter sowie die Verschiebung der Sprachebene.

Er hatte eine weitere Vision für das Arabische, die er aus Paris mitbrachte: das Arabische sollte wieder – wie im Mittelalter – die Sprache der Wissenschaften werden, eine „lingua franca" der gebildeten Muslime, so wie er es in der Akademie und in den Salons der Elite in Paris für das Französische gesehen hatte. Würde das Arabische zur Wissenschafts- und Kommunikationssprache, dann würden auch moderne Entwicklungen nicht mehr an dieser Sprache vorbeiziehen können. Dies waren erste Ansätze zu einer globalen Sprachpolitik, frühe Entsprechungen dessen, was die Frankophonie dann verwirklicht hat.

5 Akteure und Netzwerke

Prunč hat unter Translationskultur ein historisch gewachsenes Subsystem einer Kultur verstanden, das sich auf das Handlungsfeld Translation bezieht (Prunč 2012). Im letzten Kapitel werden die ineinander verwobenen Beziehungen analysiert. Insbesondere werden die unterschiedlichen Interessen im Kräfteverhältnis zueinander beschrieben. Dabei wird die Machtverteilung der einzelnen Akteure und Netzwerke deutlich.

5.1 Muhammad Ali

Der osmanische Sultan hatte ihn nach dem Einmarsch Napoleons und vor allem nach dessen Rückzug mit der Wiederherstellung der Ordnung beauftragt. Diese Aufgabe nutzte er, indem er die wiederhergestellte Macht gleich selbst ergriff. Seine Herrschaft war absolut, er war bestenfalls ein „despote eclairé“ (Sorman 2003). Er hatte im Kontakt mit den französischen Besatzern gelernt, dass sie im Heereswesen, der Herstellung von Kriegswaffen, insbesondere in der Artillerie und in der Kriegstaktik, Methoden und Techniken anwandten, die er als überlegen ansah. Aus diesem Grund und zur Sicherung seiner Macht, entwickelte er das Projekt der Modernisierung des Staates und der Ausbildung einer neuen Elite: Die Entsendung von Studenten und Studienmissionen ins Ausland, die Gründung von Schulen und die Translationsbewegung zur Ausstattung der Schulen mit Lehrmaterial und dem Import von modernem Wissen im Allgemeinen waren die unternommenen Schritte. Alle diese Maßnahmen waren staatlich organisiert und finanziert. Das gesamte ökonomische Kapital, das investiert wurde, die gesamte Infrastruktur, auf der die Translationsprozesse beruhten, waren staatlich finanziert: die Ausbildung, die Missionen, die Stellen der Translatoren, die Druckerei, die dortigen Stellen der Revisoren oder Lektoren, ebenso wie die neuen Schulen, die dortigen Translationsabteilungen und die Stellen derjenigen, die dort Übersetzungen anfertigten. Daher bestand für alle Beteiligten, sofern sie nicht aus begüterten Familien stammten mit eigenen finanziellen Mitteln, eine völlige wirtschaftliche Abhängigkeit von Muhammad Ali und der Staatskanzlei. Zu seiner ökonomischen Macht kam seine politische Macht und jedes Durchgriffsrecht. Abgesehen von diesen Agenden könnte ihn mit aṭ-Ṭahṭāwī auch die Tatsache verbunden haben, dass beide – jeder auf seine Art – politisch-gesellschaftliche Aufsteiger waren.

5.2 Al-'Aṭṭār

Einer der wichtigsten Akteure im Leben von aṭ-Ṭahṭāwī war ohne Zweifel al-'Aṭṭār. Jomard, der mit der Wissenschaftlergruppe Napoleons nach Ägypten kam und al-'Aṭṭār machten Bekanntschaft miteinander, als al-'Aṭṭār einige der französischen Wissenschaftler und Offiziere im Arabischen unterrichtete. Es gab somit eine Achse Jomard – al-'Aṭṭār. Sie hatten gemeinsame Interessen: Jomard brauchte einen verlässlichen Partner, der ihm die Möglichkeiten für seine wissenschaftlichen Projekte eröffnen und sicherstellen konnte. Daher war al-'Aṭṭār ideal, der 1830 zum Rektor der Azhar eingesetzt wurde: damit war der Widerstand dieser Organisation eingehegt. Da al-'Aṭṭār direkten Zugang zu Muhammad Ali hatte, war er für Jomard politisch wichtig.

Jomard brauchte Menschen, die französischen Interessen aufgeschlossen gegenüberstanden. Al-'Aṭṭār wusste, dass er Verbündete aus der Azhar brauchte, wenn er langfristig etwas ändern und die Modernisierungspolitik Muhammad Alis umsetzten wollte. Al-'Aṭṭār war ein glühender Anhänger Muhammad Alis. So trafen sich die Interessen der beiden auf einer Person, der genau diesem Ziel dienen konnte: aṭ-Ṭahṭāwī, ein begabter, kluger, wissbegieriger Unbekannter, ehrgeizig genug, um den Anforderungen der beiden zu genügen. Dies erklärt auch die Sorgfalt und die ausgewählten Lehrer, die Jomard in Paris für die Ausbildung aṭ-Ṭahṭāwīs einstellte. Er hat sich persönlich um dessen Ausbildung zum Übersetzer gekümmert, denn er hatte ja auch Großes vor, nicht nur mit ihm.

Auch al-'Aṭṭār war einer, der nicht zu den Privilegierten gehörte, weder in seiner nordafrikanischen Heimat noch in Kairo. Er war ein viel gereister Gelehrter, der die Welt kannte: er lehrte in Istanbul, Izmir und in Damaskus. Er unterrichtete dort Arabisch. Nach dem Einmarsch der Franzosen unterrichtete er auch einige französische Wissenschaftler in Arabisch. Er erkannte sofort die Notwendigkeit von Reformen und Modernisierungen in allen Bereichen des wirtschaftlichen, gesellschaftlichen und politischen Lebens: Das Mittel dazu sah er in der Bildung und Ausbildung. Als er 1830 von Muhammad Ali zum Rektor der Azhar ernannt wurde, gegen den Willen der ʿulamā[77], der Religionsgelehrten dort, begann ein Machtkampf.

Hier traf sich seine Vision mit der Muhammad Alis, aṭ-Ṭahṭāwīs und Jomards. Jomard hatte über aṭ-Ṭahṭāwī und al-ʿAṭṭār Zugang zu Muhammad Ali, aṭ-Ṭahṭāwī war der Verbindungsmann für Jomard und solange Muhammad Ali auf die Franzosen in der Modernisierung setzte, war das gegen innere Widerstände seine Karriereversicherung.

5.3 Jomard und Silvestre de Sacy

Jomard suchte in Ägypten einen Kontaktmann und fand ihn in aṭ-Ṭahṭāwī:

> […] heureux de reconnaître en ce jeune cheikh l'arabisant souhaité pour traduire les différents manuels dont les nouvelles écoles en Égypte avaient un urgent besoin, l'oriente [Jomard aṭ-Ṭahṭāwī, d.Verf.] vers l'acquisition d'une culture générale, à commencer par l'apprentissage du français (Louca 2002 : 60)

Jomard behandelt aṭ-Ṭahṭāwī auf Augenhöhe: er führt ihn in die Kreise der Académie française ein. Er sorgt dafür, dass er am Collège de France die Vorlesungen von Silvestre de Sacy, dem bekannten Orientalisten, hören kann, mit dem er sich auch auf Arabisch austauschen kann. Silvestre de Sacy las als Erster den *Paris-Bericht* und bewertete ihn (181). Aṭ-Ṭahṭāwī kannte auch

77 *ʿālim* ist der Singular, *ʿulamāʾ* der Plural – sind Religionsgelehrte, die an Moschee-Instituten oder Universitäten ausgebildet werden und – je nach lokalen Gegebenheiten – mehr oder weniger Einfluss generieren können. Je mehr Anhänger ein Religionsgelehrter hat, insbesondere, wenn er einer Moschee als Imam vorsteht, je größer wird auch sein politischer Einfluss sein.

Ernest Renan, ein ebenfalls weithin bekannter Orientalist. Er schreibt ebenfalls über ihn im *Paris-Bericht*. Jedoch blieb Jomard immer sein Ansprechpartner.

Silvestre de Sacy verfasste eine Anthologie der klassischen arabischen Literatur, *Chrestomathie arabe*, die er aṭ-Ṭahṭāwī schenkte (191). Er verfasste ebenso eine Grammatik des Arabischen, von der aṭ-Ṭahṭāwī sehr beeindruckt war. Er hat im *Paris-Bericht* über diese Begegnungen berichtet und ist dem Vorurteil damaliger Muslime entgegengetreten, dass Nicht-Muslime das Arabische nie erlernen könnten.

Beide, Jomard und de Sacy waren Wissenschaftler: Silvestre de Sacy hatte Freude an dem Austausch mit aṭ-Ṭahṭāwī, Jomard noch zusätzlich ein politisches Interesse.

> A last point about the mission experience and one I would rather leave as an open question. This concerns his education there. In Paris, Tahtawi clearly received some unusual benefits. What is the meaning one should attach to the special tutelage and consideration Tahtawi received from one of the best-known savants, Edme Francois Jomard, a man who greatly enriched his studies foreseeing for him a long, brilliant career in Egypt? There seem to be two ways by which one could explain this. One would be that he gained through this intensive exposure with a senior scholar a big jump which in turn explains how he could understand the more complicated French thinkers so easily. A second line of thought here, while not denying the first, suggests that this was possible because the relationship was based on structural and cultural affinities. Jomard, moreover, had been in Egypt and probably could situate French writers in Egyptian terms for Tahtawi. This would make him more of a mentor or senior colleague. (Gran 2002: 8)

Die Studenten, die aus Paris zurückkamen, waren nicht immer gern gesehen, denn sie stellten eine Konkurrenz für jene Europäer dar, die bereits seit längerem in den Translationsabteilungen arbeiteten. Ein solcher Konflikt tat sich zwischen aṭ-Ṭahṭāwī und dem spanischen Übersetzer Don Antonio de

Seguerra[78] auf, dem stellvertretenden Direktor der Schule. Aṭ-Ṭahṭāwī mochte nicht mit ihm arbeiten und reiste nach Ṭahṭā ab. Als Muhammad Ali ihm die Position an der Bibliothek anbot, um den Konflikt zu entschärfen, wurde dennoch kurz darauf Seguerra entlassen, auf Betreiben der Franzosen. Anders formuliert: Aṭ-Ṭahṭāwī konnte sich darauf verlassen, dass sie ihn unterstützten und in diesem Interessensverbund dann auch Muhammad Ali.

Ein weiterer Akteur, der eine Rolle gespielt hat, wenngleich keine politische, ist Agoub, ein Armenier mit syrischer Mutter. Er wurde den Studenten als Französischlehrer zugeteilt und arbeitete auch als Übersetzer. Er gilt als einer der ersten Ägypter, der Lyrik in französischer Sprache verfasste. Seine exzellente Sprachbeherrschung soll aṭ-Ṭahṭāwī sehr beeindruckt haben. Er übersetzte in einer Nachdichtung dessen in Versen geschriebenes Werk *La Lyre brisée* und ließ die Übersetzung in Paris drucken. Jomard stellte Agoub auch als Revisor für die Publikationen der *Description de l'Égypte* ein.

5.4 Die Schüler aṭ-Ṭahṭāwīs

Aṭ-Ṭahṭāwī wusste um seine wichtige Stellung innerhalb der Translationskultur. Er verstand es, sich mit den unterschiedlichen Akteuren gut zu stellen. Dennoch arbeitete er direkt nach Übernahme der Position als Direktor der Sprachenschule daran, sich eine eigene Basis und Einfluss zu verschaffen. Dies geschah durch die Auswahl und Bindung seiner Schüler an die Schule.

> He brought together a number of students from Upper Egypt and later from other parts of the country. Back in Egypt, Egyptian dynamics reassert themselves. In 1833–4 when Tahtawi set up the language school, the Sa'idi connection showed up again. Among the early students was one of Tahtawi's own relatives, and there were as well several other students with obviously Sa'idi names. (Gran 2002: 7)

78 Laut Newman (2011: 46) ist nicht eindeutig festzustellen, was die beiden Männer an Konflikten ausgetragen haben. Sicher ist aber, dass es Spannungen gegeben hat.

Seine Schüler führten oft weiter, was er angefangen hatte und nicht zu Ende bringen konnte oder was er für wichtige Themen hielt: So übersetzte Ḥasan al-Ǧubaylī – vermutlich auf Ansuchen seines Lehrers – die *Considérations sur les Causes de la Grandeur des Romains et de leur Décadence* von Montesquieu. Aṭ-Ṭahṭāwī hatte in Paris Auszüge aus diesem Werk übersetzt, es hat ihn in seinem Denken sehr beeindruckt, jedoch hat er es nicht weiter übersetzt. Das Buch erschien 1876 in arabischer Sprache, drei Jahre nach seinem Tod (Newman 2011: 293).

Mit seinen Schülern schuf er sich Gefolgschaft, Autorität in dieser Kultur der Translation. Insbesondere aber trug er seine Ideen weiter.

5.5 Gegner

Die Mehrheit der Ulema an der Azhar standen der Modernisierungspolitik Muhammad Alis misstrauisch, wenn nicht sogar ablehnend, gegenüber. ʻAbdallāh Šarqāwī war der politische Gegenspieler al-ʻAṭṭārs. Šarqāwī war Rektor der Azhar, als Napoleon in Ägypten einfiel. Napoleon bildete ein Komitee, dem unterschiedliche religiöse Persönlichkeiten angehörten: als Rektor der Azhar gehörte Šarqāwī dazu. Er stellte sich jedoch von Anfang an gegen die Politik der Franzosen. Šarqāwī repäsentiert somit die konservative Strömung an der Azhar:

> Son ressentiment envers la domination étrangère produit, par antithèse, un retour sur lui-même, pour marquer sa différence, voire sa supériorité morale. D'où son recours à la religion, institution du spirituel, utilisée comme catalyseur des forces collectives contre l'occupant. (Louca 2002 : 60)

Šarqāwī starb 1812, seine Anhängerschaft in der Azhar war jedoch breit und groß genug, um den Widerstand gegen die Modernisierung weiter zu beleben. Viele Religionsgelehrte der Azhar hatten Muhammad Ali unterstützt, als und weil er die französischen Besatzer besiegte. Deshalb waren sie umso enttäuschter von ihm, als er die Steuerpacht abschaffte, von der viele persönlich oder als Nutznießer von *waqf*-Geldern profitiert hatten. Auch Šarqāwī lebte von der Steuerpacht. Sie hatten sich eher Unterstützung erhofft, als dass er ihnen die wirtschaftliche Grundlage entzog. Das dürfte den ideologischen Widerstand zusätzlich befeuert haben.

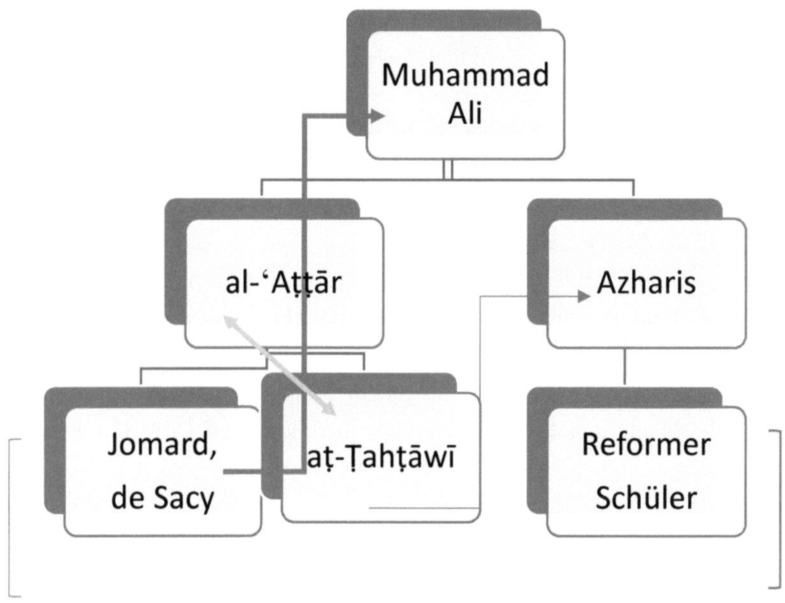

Abb. 4: Beziehungsgeflecht und Machtkonstellationen in der Translationskultur. Quelle: Darstellung von der Verfasserin

Die Grafik zeigt schematisiert das Beziehungsgeflecht und die Machtbeziehungen innerhalb der Translationskultur:

Muhammad Alis Unterstützer, al-ʿAṭṭār, wurde zum Mentor des begabten, wissbegierigen und mittellosen aṭ-Ṭahṭāwī. Er nominiert diesen jungen Mann, weil er sich von ihm verspricht, dass er das „Gold aus Paris" verstehen und in Ägypten vermitteln könne. Der Erfolg aṭ-Ṭahṭāwīs stärkt seine Position in doppelter Weise: einerseits bei Muhammad Ali, andererseits als (umstrittener) Rektor der Azhar. Er hatte mit aṭ-Ṭahṭāwī ein Modell geschaffen und gezeigt, dass ein an der Azhar ausgebildeter Imam in der Lage ist, die Moderne als Fortschritt für das Land zu begreifen. Damit geht indirekt der Gedanke einher, dass die Religionsgelehrten sehr wohl an der Modernisierung des Landes teilnehmen könnten. Daher steht der blaue Verbindungspfeil von aṭ-Ṭahṭāwī über al-ʻAṭṭār zu Muhammad Ali sowohl für Abhängigkeiten als auch für Chancen.

Der gelbe Pfeil soll auf die intensive Beziehung zwischen dem Lehrer und Mentor und aṭ-Ṭahṭāwī hinweisen: Sie ist die tragende Basis.

Die blauen Klammern zeigen eine waagrechte Linie aus Jomard und Silvestre de Sacy – aṭ-Ṭahṭāwī – Schülern aṭ-Ṭahṭāwīs und Reformern: sie brauchen und begünstigen einander, jeder mit seinen Interessen und Möglichkeiten. Die französischen Orientalisten brauchen einen verlässlichen Brückenkopf in Kairo, wenn sie weiterhin forschen wollen, und sie brauchen auch gut ausgebildete Translatoren. Die Schüler und Reformer sehen ihre berufliche Karriere als Translator, Revisor, Korrektor etc.

Eine weitere Verbindung gibt es von aṭ-Ṭahṭāwī zu den konservativen Azharis. Er brauchte ihre Sprachkompetenz und ihr Fachwissen, da der Lehrstoff, der an der Azhar gelehrt wird, in das Curriculum an der Sprachenschule eingebunden hat. Er wertete damit sowohl die Ausbildung als auch die Ausbilder auf. Es gelang ihm damit, die lehrende Institution und deren Absolventen einzubinden.

Schlussfolgerung

In dieser Arbeit sollte die Frage beantwortet werden, ob es unter der Herrschaft Muhammad Alis eine Translationskultur gegeben hat und ob die Studienmission 1826–1831 zur Vorbereitung einer solchen Translationskultur diente und welche Rolle in dieser Zeit aṭ-Ṭahṭāwī einnahm.

Es konnte gezeigt werden, dass Muhammad Ali die Strategie verfolgte, Ägypten zu modernisieren. Die Modernisierung sollte neue Strukturen im Staat schaffen, u. a. eine neue Elite in Heer und Gesellschaft. Er wollte einen grundlegenden Wandel des ägyptischen Staates und der Gesellschaft. Deshalb initiierte er die Translationsbewegung und die „neuen Schulen", an denen das notwendige moderne Wissen von Europäern gelehrt wurde. Um jedoch eine neue Elite aufzubauen, die ihm gewogen war, brauchte er mehr junge Menschen, die er ausbilden lassen musste.

Dies ist der politische Rahmen, in dem sich die Translationsaktivitäten bewegen. Der Skopos ist somit eng mit der Macht und den Reformbestrebungen Muhammad Alis verbunden. Die Studienmission, über die aṭ-Ṭahṭāwī im *Paris-Bericht* ausführlich berichtet, war ein großer Schritt und Meilenstein in diese Richtung. Durch seinen Bericht gelang diesem Ausbildungsmodell der Durchbruch. Er hat als Leiter der Sprachenschule diese Translationsaktivitäten nicht nur verortet: Er wirkte als Mittler zweier Systeme, indem er eine Synthese aus zwei unterschiedlichen Lehrsystemen geschaffen hat. Er verband das Tradierte mit dem Modernen.

Aṭ-Ṭahṭāwīs Auswahl und Nominierung geschah nicht zufällig. Seine Begabung und schnelle Auffassungsgabe ließen ihn als geeigneten Kandidaten erscheinen. Sein Mentor hatte die Hoffnung, er könne ein Modell bilden: Ein Azhari sieht das „Gold" und kann es in der Azhar vermitteln. Muhammad Ali hat diesen Aspekt wohl erkannt und ihn deshalb immer gefördert. Aṭ-Ṭahṭāwī nutzte diese Konstellation, um seine Vision eines reformierten Ägypten weiter voranzutreiben: Ohne Bildung, kein Fortschritt, das war sein Credo.

Aṭ-Ṭahṭāwīs Verdienst war und ist es bis heute, dass er es verstanden hat in den Spannungsfeldern, in denen er agierte, eigene Positionen zu beziehen und durchzusetzen. Sein Vater hatte sich auf ein System verlassen und machte damit keine guten Erfahrungen. Er versuchte sich immer strategisch abzusichern. Seine tiefe Verwurzelung in der adab-Tradition und im Selbstverständnis des ‘ālim haben es vermocht, dass er integrativ mit dem Fremden umgehen konnte, um es so zum Eigenen zu transformieren.

Bibliografie

ABBAS, RAOUF. 2002. French Impact on the Egyptian Educational System under Muhammad Aly and Ismail. In: DANIEL PANZAC, ANDRÉ RAYMOND (Hg.). 2002. *La France et l'Égypte à l'époque des vice-rois 1805–1882*. Cahier des Annales islamologiques 22. Kairo: Institut français d'archéologie orientale, 91–100.

ADONIS. 2014. *Printemps Arabes. Religion et Révolution.* Trad. de l'arabe par Ali Ibrahim. Paris: SNELA.

ANDRES, DÖRTE, RICHTER, JULIA, SCHIPPEL, LARISA (Hg.). 2016. *Translation und „Drittes Reich". Menschen – Entscheidungen – Folgen.* Berlin: Frank & Timme Verlag.

BÜTTNER, FRIEDEMANN (Hg.). 1971. *Reform und Revolution in der islamischen Welt. Von der osmanischen Imperialdoktrin zum arabischen Sozialismus.* München: Paul List Verlag.

BOURDIEU, PIERRE. 2011. *Kunst und Kultur. Kunst und künstlerisches Feld.* Schriften zur Kultursoziologie 4. Hrsg. von F. Schultheis und S. Egger. Konstanz: UKV Verlag.

CLEVELAND, WILLIAM L., BUNTON, MARTIN. 2013. *A History of the Modern Middle East.* Boulder: Westview Press.

DEWALD, REBECCA. 2019. (Neu-)Kompositionen. Aspekte transkultureller Translationswissenschaft (Transkulturalität – Translation – Transfer 26). Julia Richter, Cornelia Zwischenberger, Stefanie Kremmel. Book Review. *Target* 31: 2, 267–272.

D'HULST, LIEVEN. 2012. (Re)locating translation history: From assumed translation to assumed transfer, *Translation Studies*, 5: 2, 139–155.

D'HULST, LIEVEN. 2009. La culture allemande en France au début du XIXe siècle: Analyse statistique des livres traduits entre 1810 et 1840. *Kultur übersetzen: Zur Wissenschaft des Übersetzens im deutsch-französischen Dialog*, 83–96. https://doi.org/10.1524/9783050061412.83 (5.4.21).

EL SHAMSY, AHMAD. 2020. *Rediscovering the Islamic Classics: How Editors and Print Culture Transformed an Intellectual Tradition.* Princeton University Press. https://doi.org/10.2307/j.ctvp2n411 (4.4.21).

Frank, Armin P., Kittel, Harald. 2004. Der Transferansatz in der Übersetzungsforschung. Frank & Turk, 3–71.

Frank, Armin P., Turk, Horst (Hg.). 2004. *Die literarische Übersetzung in Deutschland. Studien zu ihrer Kulturgeschichte in der Neuzeit.* Berlin: Erich Schmidt Verlag.

Günther, Sebastian. 2004. Islamic Education. In: Maryanne, Cline Horowitz (Hg.). *New Dictionary of the History of Ideas*. New York: Charles Scribner's Sons.

Günther, Sebastian. 2016. Bildung und Ethik im Islam. In: Rainer, Brunner (Hg.) *Islam. Einheit und Vielfalt einer Weltreligion.* Stuttgart: Kohlhammer Verlag.

Gran, Peter. 2002. Tahtawi in Paris. *Al-Ahram Weekly Online* (10–16 January), 1–8. https://web.archive.org/web/20150504051352/http://weekly.ahram.org.eg/2002/568/cu1.htm (12.3.2021).

Grunebaum, G.E. v. 1959. Das geistige Problem der Verwestlichung in der Selbstsicht der arabischen Welt. *Saeculum* 10 (Heft JG), 289–328.

Gutas, Dimitri. 1998. *Greek Thought, Arabic Culture.* London/New York: Routledge.

Gouanvic, Jean-Marc. 2005. A Bourdieusian Theory of Translation, or the Coincidence of Practical Instances. *The Translator* 11 (2), 147–166.

Haarmann, Ulrich. 2004. *Geschichte der Arabischen Welt.* München: C.H.Beck.

Hagen, Ulrich, Seidensticker, Tilman. 1998. Reinhard Schulzes Hypothese einer islamischen Aufklärung. Kritik einer historiographischen Kritik. *Zeitschrift der Deutschen Morgenländischen Gesellschaft* (148), 83–110.

Hamad, Hisham, Woltering Robbert. 2018. Télémaque, Ṭahṭāwī and the (Counter-) Enlightenment in the Arab World. In: *International Journal for History, Culture and Modernity.* (6), 1–27.

Hamed, Raouf Abbas. 1990. The Japanese and Egyptian Enlightenment, A Comparative Study of Fukuzawa Yukichi and Rifa'ah al-Tahtawi. Tokyo: ILCAA Press.

Heyworth-Dunne, James. 1939. Rifā'ah Badawī Rāfi' aṭ-Tahṭāwī: The Egyptian Revivalist. Rifā'ah's Career. *Bulletin of the School of Oriental Studies* 9 (4), 961–967.

Heyworth-Dunne, James. 1940. Rifā'ah Badawī Rāfi' aṭ-Tahṭāwī: The Egyptian Revivalist. His Literary Output. *Bulletin of the School of Oriental Studies* 10 (2), 399–413.

Hill, Peter. 2019. *Utopia and Civilisation in The Arab Nahda. Cambridge.* https://doi-org.uaccess.univie.ac.at/10.1017/9781108666602 (15.3.21).

Hourani, Albert. 1983. *Arabic thought in the liberal age 1798–1939.* Cambridge: Cambridge University Press.

Kalverkämpfer, Hartwig, Schippel, Larisa (Hg.). 2012. *„Vom Altern der Texte". Bausteine für eine Geschichte des interkulturellen Wissenstransfers.* Frank & Timme Verlag.

Kemper, Michael. 2018. Struggling with Schulze. In: *Islam in der Moderne, Moderne im Islam.* Leiden: Brill, 568–579. https://doi.org/10.1163/9789004364042_028 (6.3.21)

Khayat, Nicole. 2019. What's in a name? Perceptions of authorship and copyright during the Arabic *nahda.* In: *Nineteenth Century Contexts. An Interdisciplinary Journal* 41 (4), 423–440. https://www.tandfonline.com/doi/full/10.1080/08905495.2019.1622948 (15.3.21).

Khoury, R. G. 1971. Die Rolle der Übersetzungen in der modernen Renaissance des arabischen Schrifttums: Dargestellt am Beispiel Ägyptens. *Welt des Islams* 13 (1/2), 1–10.

Lewis, Bernhard. 1987. *Die Welt der Ungläubigen. Wie der Islam Europa entdeckte.* Frankfurt: Ullstein.

Lohlker, Rüdiger. 2011. Iǧāza als ein Prozess der Akkumulation sozialen Kapitals. In: *Manuscript Notes as Documentary Sources.* Beiruter Texte und Studien. Herausgegeben vom Orient-Institut Beirut. Band 129. Würzburg: Ergon Verlag, 37–44.

Louca, Anouar. 1988. *Tahtāwī. L'Or de Paris. Relation de Voyage 1826–1831.* 2. Aufl. 2012. Paris: Sindbad.

Louca, Anouar. 2002. La médiation de Tahtāwī 1801–1873. In: Panzac, Daniel, Raymond, André (Hg.). *La France et l'Égypte à l'époque de vice-rois 1805–1882.* Institut français d'archéologie orientale. Cairo: Cahier des Annales islamologiques 22, 59–71.

Louca, Anouar. 2006. *L'autre Égypte de Bonaparte à Taha Hussein.* Cairo: Institut Français d'Archéologie Orientale.

Marsot, Afaf Lutfi al-Sayyed. 2002. What price reform? In: Panzac, Daniel, Raymond, André (Hg.). *La France et l'Égypte à l'époque de vice-rois 1805–1882*. Institut français d'archéologie orientale. Cairo: Cahier des Annales islamologiques 22, 3–13.

Müller, Hans-Peter. 2014. *Pierre Bourdieu: eine systematische Einführung.* 1. Aufl., Berlin: Suhrkamp.

Newman, Daniel. J. 2002. Myths and realities in Muslim Alterist discourse: Arab travellers in Europe in the age of the *Nahda* (19th c.). *Chronos* 5, 7–76.

Newman, Daniel. 2011. *An Imam in Paris. Account of a Stay in France by an Egyptian Cleric (1826–1831)*. 2. Aufl. London. Saqi Books.

Osman, Ghada. 2012. „The sheikh of the translators". The translation methodology of Hunayn ibn Ishaq. *Translation and interpreting Studies* 7(2), 161–175.

Pittioni, Manfred. o.J. *Die Wirtschaftsentwicklung des Osmanischen Reiches vom 16. bis zum 18. Jahrhundert*. Skript. Pdf liegt Verfasserin vor.

Pöllabauer, Sonja. 2006. „Translation culture" in interpreted asylum hearings. In: Pym, Anthony, Shlesinger, Miriam, Jettmarová, Zuzana (Hg.). *Socio-cultural Aspects of Translating and Interpreting*. Amsterdam: John Benjamins Publishing Company, 153–163.

Prunč, Erich. 2005. *Einführung in die Translationswissenschaft.* Band 1. Graz: Selbstverlag.

Prunč, Erich. 2008. Zur Konstruktion von Translationskulturen. In: Schippel, Larisa (Hg.). *Translationskultur – ein innovatives und produktives Konzept.* Berlin: Frank & Timme Verlag, 19–43.

Prunč, Erich. 2012. *Entwicklungslinien der Translationswissenschaft. Von den Asymmetrien der Sprachen zu den Asymmetrien der Macht.* 3. erw. Auflage. Berlin: Frank & Timme Verlag.

Pym, Anthony. 1997. *Pour une éthique du traducteur*. Artois Presses Université.

Pym, Anthony. 2000. *Negotiating the Frontier. Translators and Intercultures in Hispanic History.* Manchester: St. Jerôme Publishing.

Pym, Anthony. 2006. On the social and the cultural in translation studies. In: Pym, Anthony, Shlesinger, Miriam, Jettmarová, Zuzana (Hg.). *Sociocultural Aspects of Translating and Interpreting*. Amsterdam: John Benjamins Publishing Company, 1–26.

Pym, Anthony. 2014. *Exploring Translation Theories*. 2. Aufl., Routledge.

RICHTER, JULIA. 2019. Translationsgeschichte. Was ist das eigentlich? In: *Zeitarbeit. Aus- und Weiterbildungszeitschrift für die Geschichtswissenschaften* (1), 52–55.

ROGAN, EUGENE L. 2012. *Die Araber. Eine Geschichte von Unterdrückung und Aufbruch.* München: Propyläen Verlag.

SAID, EDWARD. W. 1978. *Orientalism.* New York: Pantheon.

SALAMA-CARR, MYRIAM. 2007. Negotiating Conflict: Rifā'a Rāfi' al-TahTāwī and the Translation of the „Other". In: *Social Semiotics* 17 (2), 213–227.

SANDRINI, PETER. 2011. Translationswissenschaft. In: REINHALTER, HELMUT, BRENNER, PETER (Hg.). *Lexikon der Geisteswissenschaften. Sachbegriffe – Disziplinen – Personen.* Wien: Böhlau.

SCHIPPEL, LARISA (Hg.). 2008. *Translationskultur – ein innovatives und produktives Konzept.* Berlin: Frank & Timme.

SCHIPPEL, LARISA et al. 2019. Gedanken zur Zukunft der Translationsgeschichte. *Chronotopos* 2 (1), 11–14.

SCHULTHEIS, FRANZ, EGGER, STEPHAN (Hgs.). 2011. *Pierre Bourdieu. Kunst und Kultur. Kunst und künstlerisches Feld.* Schriften zur Kultursoziologie 4. Konstanz: UKV Verlag.

SCHULZE, REINHARD. 2011. Das Warten auf die Moderne. Die Islamische Welt. In: HAUSBERGER, BERND, LEHNERS JEAN-PAUL (Hg.). *Die Welt im 18. Jahrhundert. Globalgeschichte. Die Welt 1000–2000.* Wien: Mandelbaum Verlag, 243–274.

SCHÖLCH, ALEXANDER. 2004. Der arabische Osten im neunzehnten Jahrhundert 1800–1914. In: Halm, Heinz (Hg.). *Geschichte der arabischen Welt.* 5. Aufl. München: Verlag Beck.

STEPHAN, JOHANNES. 2012. Wie man die anderen verstehen soll und wie man über sie schreiben kann. Der Paris-Bericht Rifāʿa Rāfiʿ aṭ-Ṭahṭāwīs (1801–1873) als vielseitige Vermittlung von ‚Kultur'. *Zeitenblicke. Online journal für die Geschichtswissenschaft*, 11 (1).

STICHWEH, RUDOLF. 2016. Inklusion und Exklusion. Logik und Entwicklungsstand einer gesellschaftstheoretischen Unterscheidung. In: Stichweh, Rudolf. *Inklusion und Exklusion. Studien zur Gesellschaftstheorie.* transcript-Verlag, 219–237.

STOLZE, RADEGUNDIS. 2018. *Übersetzungstheorien. Eine Einführung.* Tübingen: Attempto Verlag.

Stowasser, Karl (Hg.). 1966. *Aṭ-Ṭahṭāwī in Paris. Ein Dokument des arabischen Modernismus aus dem frühen 19. Jahrhundert:* übersetzt, eingeleitet und erläutert. Dissertation. Westfälische Wilhelms-Universität zu Münster.

Stowasser, Karl (Hg.). 1988. *Ein Muslim entdeckt Europa. Rifāʿa al-Ṭahṭāwī. Bericht über seinen Aufenthalt in Paris 1826–31.* München: C.H. Beck.

Sorman, Guy. 2003. *Les enfants de Rifaa – musulmans et modernes.* Paris: Fayard.

Tamimi, Azzam. 2007. Islam and Democracy from Tahtawi to Ghannouchi. Theory, Culture & Society 24 (2), 39–58. doi:10.1177/0263276407074994 (7.12.21).

Vermeer, Hans. 1992. *Skizzen zu einer Geschichte der Translation.* Frankfurt: IKO-Verlag für Interkulturelle Kommunikation.

Versteegh, Kees. 2014. *The Arabic Language.* Edinburgh: Edinburgh University Press.

Warren, David. h. (2017). For the good of the Nation. The New Horizon of Expectations in Rifaʿa al-Tahtawi's Reading of the Islamic Political Tradition. *American Journal of Islamic Social Sciences* 34 (4), 30–55. https://doi.org/10.35632/ajis.v34i4.178 (5.4.21).

Wolf, Michaela (2007): Introduction: The emergence of a sociology of translation. In: Wolf, Michaela, Fukari, Alexandra (Hg.). *Constructing a Sociology of Translation.* Amsterdam/Philadelphia: Benjamins (*Benjamins Translation Library* 74), 1–36.

Wolf, Michaela (2012): *Die vielsprachige Seele Kakaniens: Übersetzen und Dolmetschen in der Habsburgermonarchie 1848 bis 1918.* Wien: Böhlau Verlag.

Woodsworth, Judith, Delisle, Jean. (Hg.). 2012. *Translators through History.* 2. rev. Aufl. Amsterdam: John Benjamin Publishing Company. https://doi.org/10.1075/btl.10 (5.4.21).

Abstract

From Paris to Cairo: Knowledge Transfer in the *Paris Report* of Rifāʿa Rāfiʿ aṭ-Ṭahṭāwī. A contribution to the translation history of Egypt in the 19th century

The Egyptian scholar, translator and author Rifāʿa Rāfiʿ aṭ-Ṭahṭāwī (1801–1873) was a key figure in the translation project initiated by Muhammad Ali with the aim of modernising Egypt. This paper postulates that translation was a cornerstone of the reform process. It led to the emergence of a culture of translation, beginning with the study mission to Paris and culminating in the opening of a language school in Cairo in 1837. The paper uses the *Paris Report* to analyse the translation processes, the role of aṭ-Ṭahṭāwī and other important figures. The study also focuses on the interconnections and power constellations between the various parties involved. The theoretical framework of the paper builds on Erich Prunč's theories on translation culture and translation history, as well as Pierre Bourdieu's concept of habitus.

TRANSKULTURALITÄT – TRANSLATION – TRANSFER

Bd. 1 Cornelia Zwischenberger: Qualität und Rollenbilder beim simultanen Konferenzdolmetschen. 434 Seiten. ISBN 978-3-86596-527-1

Bd. 2 Sarah Fünfer: Mensch oder Maschine? Dolmetscher und maschinelles Dolmetschsystem im Vergleich. 150 Seiten. ISBN 978-386596-548-6

Bd. 3 Dörte Andres/Martina Behr (Hg.): Die Wahrheit, die reine Wahrheit und nichts als die Wahrheit. Erinnerungen der russischen Dolmetscherin Tatjana Stupnikova an den Nürnberger Prozess. 242 Seiten. ISBN 978-3-7329-0005-3

Bd. 4 Larisa Schippel (Hg.): Magda Jeanrenaud: Universalien des Übersetzens. 332 Seiten. ISBN 978-3-86596-444-1

Bd. 5 Sylvia Reinart: Lost in Translation (Criticism)? Auf dem Weg zu einer konstruktiven Übersetzungskritik. 438 Seiten. ISBN 978-3-7329-0014-5

Bd. 6 Sophia Scherl: Die deutsche Übersetzungskultur in der zweiten Hälfte des 18. Jahrhunderts. Meta Forkel-Liebeskind und ihre Übersetzung der *Rights of Man*. 152 Seiten. ISBN 978-3-7329-0020-6

Bd. 7 Thomas Kammer: Basiswissen für Dolmetscher – Deutschland und Spanien. 204 Seiten. ISBN 978-3-7329-0035-0

Bd. 8 Dorothee Jacobs: Basiswissen für Dolmetscher – Deutschland und das Vereinigte Königreich Großbritannien und Nordirland. 192 Seiten. ISBN 978-3-7329-0036-7

Bd. 9 Sophia Roessler: Basiswissen für Dolmetscher – Deutschland und Italien. 212 Seiten. ISBN 978-3-7329-0039-8

Bd. 10 Annika Selnow: Basiswissen für Dolmetscher – Deutschland und Frankreich. 192 Seiten. ISBN 978-3-7329-0040-4

Bd. 12 Alice Leal: Is the Glass Half Empty or Half Full? Reflections on Translation Theory and Practice in Brazil. 334 Seiten. ISBN 978-3-7329-0068-8

Bd. 13 Kristina Werner: Zwischen Neutralität und Propaganda – Französisch-Dolmetscher im Nationalsozialismus. 130 Seiten. ISBN 978-3-7329-0085-5

Bd. 14 Larisa Schippel/Magda Jeanrenaud/Julia Richter (Hg.): „Traducerile au de cuget să îmblînzească obiceiurile ...". Rumänische Übersetzungsgeschichte – Prozesse, Produkte, Akteure. 368 Seiten. ISBN 978-3-7329-0087-9

Bd. 15 Elena Kalašnikova (Hg.): „Übersetzer sind die Wechselpferde der Aufklärung". Im Gespräch: Russische Übersetzerinnen und Übersetzer deutscher Literatur. 254 Seiten. ISBN 978-3-7329-0097-8

TRANSKULTURALITÄT – TRANSLATION – TRANSFER

Bd. 16 Dörte Andres/Martina Behr (eds.): To Know How to Suggest ... Approaches to Teaching Conference Interpreting. 260 Seiten. ISBN 978-3-7329-0114-2

Bd. 17 Tatiana Bedson/Maxim Schulz: Sowjetische Übersetzungskultur in den 1920er und 1930er Jahren. Die Verlage *Vsemirnaja literatura* und *Academia*. 182 Seiten. ISBN 978-3-7329-0142-5

Bd. 18 Cécile Balbous: Das Sprachknaben-Institut der Habsburgermonarchie in Konstantinopel. 90 Seiten. ISBN 978-3-7329-0149-4

Bd. 19 Cornelia Zwischenberger/Martina Behr (eds.): Interpreting Quality: A Look Around and Ahead. 334 Seiten. ISBN 978-3-7329-0191-3

Bd. 20 Mehmet Tahir Öncü: Basiswissen für Dolmetscher – Deutschland und die Türkei. 232 Seiten. ISBN 978-3-7329-0154-8

Bd. 21 Marc Orlando: Training 21st century translators and interpreters: At the crossroads of practice, research and pedagogy. 158 Seiten. ISBN 978-3-7329-0245-3

Bd. 22 Christian Trollmann: Nationalsozialismus auf Japanisch? Deutsch-japanische Beziehungen 1933–1945 aus translationssoziologischer Sicht. 154 Seiten. ISBN 978-3-7329-0281-1

Bd. 23 Ursula Gross-Dinter (Hg.): Dolmetschen 3.0 – Einblicke in einen Beruf im Wandel. 226 Seiten. ISBN 978-3-7329-0188-3

Bd. 24 Lieven D'hulst/Carol O'Sullivan/Michael Schreiber (eds.): Politics, Policy and Power in Translation History. 256 Seiten. ISBN 978-3-7329-0173-9

Bd. 25 Dörte Andres/Julia Richter/Larisa Schippel (Hg.): Translation und „Drittes Reich". Menschen – Entscheidungen – Folgen. 352 Seiten. ISBN 978-3-7329-0302-3

Bd. 26 Julia Richter/Cornelia Zwischenberger/Stefanie Kremmel/Karlheinz Spitzl (Hg.): (Neu-)Kompositionen. Aspekte transkultureller Translationswissenschaft. 404 Seiten. ISBN 978-3-7329-0306-1

Bd. 27 Barbara den Ouden: Translation und Emotion: Untersuchung einer besonderen Komponente des Dolmetschens. 438 Seiten. ISBN 978-3-7329-0304-7

Bd. 28 Larisa Schippel/Cornelia Zwischenberger (eds.): Going East: Discovering New and Alternative Traditions in Translation Studies. 540 Seiten. ISBN 978-3-7329-0335-1

Bd. 29 Dörte Andres/Klaus Kaindl/Ingrid Kurz (Hg.): Dolmetscherinnen und Dolmetscher im Netz der Macht. Autobiographisch konstruierte Lebenswege in autoritären Regimen. 280 Seiten. ISBN 978-3-7329-0336-8

Frank & Timme

TRANSKULTURALITÄT – TRANSLATION – TRANSFER

Bd. 30 Martina Behr/Sabine Seubert (Hg.): Education is a Whole-Person Process. Von ganzheitlicher Lehre, Dolmetschforschung und anderen Dingen. 516 Seiten. ISBN 978-3-7329-0324-5

Bd. 31 Simone Kellner: Basiswissen für Dolmetscher und Übersetzer – Österreich. 108 Seiten. ISBN 978-3-7329-0370-2

Bd. 32 Simon Zupan/Aleksandra Nuč (eds.): Interpreting Studies at the Crossroads of Disciplines. 204 Seiten. ISBN 978-3-7329-0045-9

Bd. 33 Hilke Effinghausen: Zwischen Neutralität und Propaganda – Spanisch-Dolmetscher im Nationalsozialismus. 178 Seiten. ISBN 978-3-7329-0394-8

Bd. 34 Lars Felgner: Nonverbale Kommunikation beim medizinischen Dolmetschen. 428 Seiten. ISBN 978-3-7329-0386-3

Bd. 35 Annika Schlesiger: Berufsschutz für Übersetzer und Dolmetscher in Deutschland. Vergangenheit – Gegenwart – und Zukunft? 200 Seiten. ISBN 978-3-7329-0408-2

Bd. 36 Lena Skalweit: Dolmetscher und ihre Ausbildung im Zeitalter der europäischen Expansion. Osmanisches Reich und Afrika. 312 Seiten. ISBN 978-3-7329-0371-9

Bd. 37 Samantha Blai: Basiswissen für Dolmetscher und Übersetzer – Deutschland und Polen. 306 Seiten. ISBN 978-3-7329-0446-4

Bd. 38 Jette Knapp: Basiswissen für Dolmetscher und Übersetzer – Deutschland und USA. 248 Seiten. ISBN 978-3-7329-0447-1

Bd. 39 Thomas Baumgart/Mona Gerlach: Basiswissen für Dolmetscher und Übersetzer – Deutschland und Spanien. 254 Seiten. ISBN 978-3-7329-0465-5

Bd. 40 Amrei Bahr/Katja Hagedorn: Basiswissen für Dolmetscher und Übersetzer – Deutschland und das Vereinigte Königreich Großbritannien und Nordirland. 236 Seiten. ISBN 978-3-7329-0467-9

Bd. 41 Saskia Isabelle Riemke/Eleonora Pepe: Basiswissen für Dolmetscher und Übersetzer – Deutschland und Italien. 276 Seiten. ISBN 978-3-7329-0468-6

Bd. 42 Miriam Heike Schroers: Basiswissen für Dolmetscher und Übersetzer – Deutschland und Frankreich. 280 Seiten. ISBN 978-3-7329-0485-3

Bd. 43 Charlotte P. Kieslich: Dolmetschen im Nationalsozialismus. Die Reichsfachschaft für das Dolmetscherwesen (RfD). 428 Seiten. ISBN 978-3-7329-0515-7

Bd. 44 Viktoria Fedorovskaja/Tatiana Yudina: Basiswissen für Dolmetscher und Übersetzer – Deutschland und Russland. 264 Seiten. ISBN 978-3-7329-0487-7

TRANSKULTURALITÄT – TRANSLATION – TRANSFER

Bd. 45 Ke Liu: Basiswissen für Dolmetscher und Übersetzer – Deutschland und China. 228 Seiten. ISBN 978-3-7329-0527-0

Bd. 46 Antonina Lakner: Peter de Mendelssohn – Translation, Identität und Exil. 414 Seiten. ISBN 978-3-7329-0491-4

Bd. 47 Sabine Seubert: Visuelle Informationen beim Simultandolmetschen. Eine Eyetracking-Studie. 402 Seiten. ISBN 978-3-7329-0572-0

Bd. 48 Kimberly Dinnissen/Rob Soons: Basiswissen für Dolmetscher und Übersetzer – Deutschland und die Niederlande. 270 Seiten. ISBN 978-3-7329-0583-6

Bd. 49 Martina Behr: Dolmetschen: Komplexität, Methodik, Modellierung. 288 Seiten. ISBN 978-3-7329-0635-2

Bd. 50 Aleksey Tashinskiy/Julija Boguna/Andreas F. Kelletat (Hg.): Übersetzer und Übersetzen in der DDR. Translationshistorische Studien. 292 Seiten. ISBN 978-3-7329-0698-7

Bd. 51 Kate Reiserer: Vier Übersetzerinnen und ihre neun Ehemänner. Ehe und Übersetzung in der Romantik. 154 Seiten. ISBN 978-3-7329-0755-7

Bd. 52 Larisa Schippel/Julia Richter (Hg.): Translation und „Drittes Reich“. Translationsgeschichte als methodologische Herausforderung. 370 Seiten. ISBN 978-3-7329-0661-1

Bd. 53 Aleksey Tashinskiy/Julija Boguna/Tomasz Rozmysłowicz (Hg.): Translation und Exil (1933–1945) I. Namen und Orte. Recherchen zur Geschichte des Übersetzens. 494 Seiten. ISBN 978-3-7329-0744-1

Bd. 54 Hildegard Maria Mader: Von Paris nach Kairo: Wissenstransfer im *Paris-Bericht* Rifāʿa Rāfiʿ aṭ-Ṭahṭāwīs. Ein Beitrag zur Übersetzungsgeschichte Ägyptens im 19. Jahrhundert. 118 Seiten. ISBN 978-3-7329-0841-7

F Frank & Timme